NORBERT WIMMER

Das Einmaleins der Verwaltungsreform

Schriften zur Verwaltungswissenschaft

Band 4

Das Einmaleins
der Verwaltungsreform

Ein Leitfaden für die Praxis

Von

Norbert Wimmer

Professor an der Universität Innsbruck

DUNCKER & HUMBLOT / BERLIN

CIP-Kurztitelaufnahme der Deutschen Bibliothek

Wimmer, Norbert
Das Einmaleins der Verwaltungsreform: e. Leitf.
für d. Praxis. — 1. Aufl. — Berlin: Duncker
und Humblot, 1977.
  (Schriften zur Verwaltungswissenschaft; Bd. 4)
  ISBN 3-428-03890-8

Alle Rechte vorbehalten
© 1977 Duncker & Humblot, Berlin 41
Gedruckt 1977 bei Buchdruckerei Bruno Luck, Berlin 65
Printed in Germany
ISBN 3 428 03890 8

Vorwort

Diese Schrift verdankt ihr Entstehen einem praktischen Anlaß. Im Februar 1975 beschloß die Südtiroler Landesregierung, Experten mit der Durchführung einer Verwaltungsreform und im besonderen mit der Ausarbeitung einer neuen „Landesämterordnung" zu betrauen. Näherhin enthielt der Auftrag zur Reform die Durchführung einer Stellenbeschreibung und Stellenbewertung der Südtiroler Landesverwaltung und die Erstellung eines Personalbedarfsplanes. Die Arbeiten wurden einem Team anvertraut, dem Bundesminister a. D. Univ.-Prof. Dr. Hans R. Klecatsky, der ehemalige Bozener Vizepräfekt Commendatore D'Amico und der Verfasser angehörten.

Die für die Entwicklung eines realistischen Reformkonzepts erforderliche Bestandsaufnahme des Südtiroler Verwaltungsapparates wurde in zahlreichen Gesprächen mit den maßgeblichen Politikern Südtirols und mit ca. 350 Beamten erarbeitet. Die Erhebung selbst, die Aufarbeitung des Materials und die Entwicklung entsprechender Reformvorschläge dauerten bis zum März 1976. Die Ergebnisse der Reformarbeiten führten zum „Entwurf eines Landesgesetzes zur Neuordnung der Landesverwaltung in Südtirol (Landesämterordnung)" und zum „Entwurf einer Geschäftseinteilung der Dienststellen der Landesverwaltung in Südtirol". Beide Entwürfe wurden im Herbst 1976 von den zuständigen politischen Gremien gebilligt und sollen nunmehr der parlamentarischen Behandlung zugeführt werden.

Ein Jahr konkreter praktischer Arbeit hat mir das Thema Verwaltungsreform von einer Seite erschlossen, die — soweit ich es sehe — in den Büchern meist zu kurz kommt. Ich habe daher versucht, den mühevollen Weg vom Reformkonzept zur praktikablen Reformlösung nachzuzeichnen. Mein Augenmerk galt dabei besonders den typischen Konstellationen, Problemen und Gefahren, die den Reformweg kennzeichnen. Ich hoffe, dadurch auch einen Beitrag zur heute die Tagespolitik immer mehr bewegenden Reformdiskussion im allgemeinen geleistet zu haben.

Nicht zuletzt ist mir bei der Durchsetzung der Reform in Südtirol aufgefallen, daß die Theorie die für die Verwaltung brennenden Probleme oft „im ersten Stock" abhandelt und dabei die Bedürfnisse jener Personen, die „zu ebener Erd" agieren müssen, übergeht. Das hilft der Praxis nicht weiter und nimmt der Wissenschaft viel von ihrer möglichen Wirksamkeit. Ich habe deshalb versucht, ein Sachbuch zu schreiben, das, wie ich hoffe und wie mir von meiner Sekretärin bestätigt wurde, auf weiten Strecken auch verständlich ist.

Reform ist ein Problem der Durchsetzung und damit auf die Verständigung mit Menschen angewiesen. Es schien mir deshalb wichtig, charakteristische Eigenheiten der Politiker und Beamten nachzuzeichnen, weil sie letztlich in ihrer Gesamtheit für jenes Klima verantwortlich sind, in dem eine Reform heranwächst. Der Vollständigkeit halber sei erwähnt, daß auch meine mehrjährige Dienstzeit im Verfassungsdienst des österreichischen Bundeskanzleramtes bei der Schilderung der „Menschen im Apparat" ihre Spuren hinterlassen hat.

Mein besonderer Dank gilt dem Initiator der Südtiroler Verwaltungsreform, dem Präsidenten des Südtiroler Bildungszentrums, Karl Nicolussi-Leck, der mir über einzelne Durststrecken bei der Reform in Südtirol hinweghalf und mich mit sanfter Gewalt von der Notwendigkeit mancher Reformschritte überzeugte. Dem Leiter des Südtiroler Institutes für Wirtschafts- und Sozialfragen, Doz. Dr. Christoph Pan, verdanke ich die Einsicht, daß Teamarbeit zwischen Juristen und Soziologen durchaus fruchtbar sein kann. Mein Lehrer und Freund, Univ.-Prof. Dr. Peter Pernthaler, hat mich — wie immer — ermuntert, meine Erfahrungen zu Papier zu bringen und mich in meiner Auffassung bestärkt, daß eine Arbeit auch dann wissenschaftlich sein kann, wenn sie kaum Anmerkungen enthält. Besonders bewundert habe ich Frl. Gabriele Tautscher, die die mehrfachen Änderungen bei der Reinschrift des Textes mit Gleichmut über sich ergehen ließ.

Zwei Personen haben an der Veröffentlichung dieser Schrift besonderen Anteil: Prof. Dr. Roman Schnur, der mich dazu ermutigt hat und Ministerialrat a. D. Senator Prof. Dr. J. Broermann, der die Arbeit in sein Verlagsprogramm aufnahm. Beiden danke ich auch an dieser Stelle sehr herzlich.

Innsbruck, im November 1976 *Norbert Wimmer*

Inhaltsverzeichnis

I. Das Einmaleins der Verwaltungsreform 11

1. Zwischen Scherz und Ernst 11
   Das Beständigste an der Verwaltung ist ihre Reform S. 11 — Sozialstaat und Reform S. 12 — Demokratie und Reform S. 12

2. Auf die Durchsetzung kommt es an 12
   Ein Konzept macht noch keine Reform S. 13 — Reformstrategie S. 14

3. Reform zwischen Utopie und Deskription, oder: Die Unentbehrlichkeit der Juristen für die Verwaltungsreform 14
   Effizienz und Rechtsstaatlichkeit S. 15 — Für eine realistische Änderung S. 16

4. Zur Person des Reformers 17

5. Das Anliegen dieser Schrift 17

II. Tagebuch einer Verwaltungsreform 19

1. Die Vorbereitung der Verwaltungsreform 19
   „Reformexperten" S. 19 — Der Auftraggeber S. 20 — Die Abgrenzung des Reformthemas S. 21 — Die Entschärfung der Personalfrage S. 22 — Erste gezielte Querschüsse gegen die Reform S. 23

2. Maßnahmen zur Einleitung der Reform 25
   Der Erhebungsplan S. 25 — Lagebesprechungen S. 26 — Das „politische Gespräch" S. 26

3. Die Erhebung 27
   Die reformorientierte Erhebung S. 27 — Die Reformziele bestimmen den Erhebungseinstieg S. 28 — Der „Faktendruck" S. 29 — Erste Orientierung — schriftliche Unterlagen S. 30 — Zur Notwendigkeit der mündlichen Befragung S. 31 — Beamte und Reformer als Partner der mündlichen Befragung S. 32 — Die Einstellung der Beamten zur Reform S. 32

4. Psychologie und Taktik der Befragung 34
   Befrager sind auch nur Menschen S. 34 — Reformkonsens — aber nicht um jeden Preis S. 35 — Worauf man bei der Befragung achten sollte S. 36 — Zur Brauchbarkeit von Fragebögen S. 38 — Das Organogramm S. 39 — Die Erhebung als Lernprozeß S. 39

5. Von der Diagnose zur Therapie: Die „Theorie der Reform" 41

Theorie und Selektion S. 42 — Objektive Gesetzmäßigkeit gegen persönliche Kränkung S. 42 — Geteiltes Leid — halbes Leid S. 43 — Reform mit Maß S. 44

6. Die Reform in der Entscheidung 44

Die Reform wird politisch S. 44 — Das politische Gespräch in der Entscheidungsphase S. 46 — Die Kritik läuft im Kreis S. 47 — Die „Huckepackreform" S. 48 — Der Postenschacher im Vorgriff auf die Reform S. 48 — Der „Entscheidungssog" S. 49

III. Politiker und Beamte 50

1. Politiker und Reform 50

Der Vollblutpolitiker S. 50 — Der Tagespolitiker S. 51 — Der Verwaltungspolitiker S. 52 — Der vorsichtige Politiker S. 52 — Der ideologische Politiker S. 54

2. Beamte und Reform 55

Der souveräne Beamte S. 55 — Der pflichtbewußte Beamte S. 56 — Der Manager S. 56 — Der Formalist S. 57 — Der subalterne Beamte S. 59 — Der überforderte Beamte S. 60 — Der unzufriedene Beamte S. 60 — Der Intrigant S. 61

IV. Verwaltung im Grundriß 67

1. Verwaltungsmaximen in Theorie und Praxis 67

2. Der Bauplan der Reform 68

Das Raumprogramm S. 68 — Die Anordnung der Wohnungen S. 68 — Der Einzug der Bewohner S. 69 — Die Hausordnung S. 69

3. Die „sachgerechte" Kompetenz 70

Was heißt „sachgerecht"? S. 71 — Die lebensgerechte Kompetenz S. 72 — Die funktionsgerechte Kompetenz S. 73 — „Sachgerechtigkeit" und personalpolitische Überlegungen S. 74 — Das Gleichgewicht der Kompetenzen S. 75 — Respekt vor den gewachsenen Kompetenzen S. 76

V. Verwaltung im Aufriß 78

1. Verwaltungsmanagement — aber wie? 78

Ein neuer Stil macht noch keine neue Verwaltung S. 78 — Zur Notwendigkeit der Änderung der Organisation S. 79

2. Führungsstile im Modell 80

Der hierarchische Führungsstil S. 80 — Der kooperative Führungsstil S. 80 — Der organisatorische Unterschied zwischen beiden Stilen S. 81

3. Führungsstile in der Praxis 81

Der „verfilzte" Apparat S. 82 — Führungsstil des „Augenzwinkerns" S. 82 — Kooperativer Führungsstil setzt geteilte Verantwortung voraus S. 84 — Das antizyklische Verhältnis von Stil und Organisation S. 84 — Für eine kooperative Bürokratie S. 85

4. Kooperative Führung und politische Verantwortung 85
   Delegation im juristischen Sinn S. 85 — Zum Widerspruch von Delegation und Weisungsbefugnis S. 86 — Der Einsturz der Wiener Reichsbrücke oder: Die Suche nach den Verantwortlichen S. 87 — Delegative Zuständigkeitsverteilung und Rechtsstaat S. 91

5. Die Delegationskriterien 91
   Der Grad an gesetzlicher Bindung S. 92 — Gestaltungswirkung der Verwaltungsentscheidungen S. 93 — Außen- oder Innenwirkung der Verwaltungsentscheidungen S. 93 — Finanzielle Auswirkung von Verwaltungsentscheidungen S. 93 — Allgemeine politische Bedeutung der Verwaltungsentscheidungen S. 93 — Die Handlungstypen der Verwaltung und ihre Delegationsfähigkeit S. 94

6. Der „sachgerechte" Entscheidungsbereich 96
   Zum Problem der Übertragung von Aufgaben nach unten S. 96 — Die konkrete Aufgabenverteilung S. 97 — Das Gleichgewicht zwischen Führen und Erledigen S. 98 — Aufgabenverteilung und Koordination S. 99 — Linie und Stab S. 99

VI. Verwaltungsmanagement als Verfahrensproblem 101

1. Effizienzkontrolle in der Verwaltung? 101
   „Bösartige" Probleme und „gutmütige" Öffentlichkeit S. 101 — Meist vertretbar, aber nicht immer erfolgreich S. 102

2. Verwaltungsmanagement und Verfahrensregeln 102
   Durch die Regel zum Erfolg S. 103 — Regeln prägen den Stil S. 103 — Was tritt an die Stelle der Weisung? S. 104 — Die Führungsebenen der Verwaltungspyramide S. 105

3. Die einzelnen Führungsinstrumente 105
   Die Rechte und Pflichten des Ressortleiters S. 106 — Die Rechte und Pflichten der Amtsleiter und Abteilungsleiter S. 108 — Die Rechte und Pflichten der Mitarbeiter S. 110 — Vom Verfahren zum Führungsstil S. 110

VII. Gedanken zum Personalbedarf und zur Personalplanung 112

1. Der Alptraum der Reformer 112

2. Verwaltungsreform und Personalkosten 112
   Warnung vor „Aufgabenperfektionismus" S. 113 — Der Ist-Stand des Personals als Orientierungsmarke S. 113 — Der Soll-Stand als Schranke der Personalvermehrung S. 114

3. Die Stellenbeschreibung 114
   Zum Problem der Feststellung der Verwaltungsaufgaben S. 115 — Gesetzlich nicht geregelte Verwaltungsaufgaben S. 115 — Die Technik der Stellenbeschreibung S. 116 — Der Inhalt der Stellenbeschreibung S. 117

4. Die Stellenbewertung 117

   Dienststellenfestlegung durch Stellenbewertung S. 118 — Die Stellenbewertung als Mittel zur Feststellung des Personalbedarfs S. 118 — Zum Zusammenhang von Stellenbewertung und Aufgabenverteilung S. 119 — Die Bewertungsmaßstäbe S. 119

   5. Gedanken zur leistungsgerechten Beamtenlaufbahn 120

   Personalplanung in der Praxis S. 120 — Die Dienstbeurteilung S. 120 — Das Ersitzungsprinzip S. 122 — Leistungsorientierte Stellenpläne als Reformziel S. 122 — Zum Verhältnis von Zeit- und Funktionslaufbahnposten S. 123 — Zum Zusammenhang von Leistungslaufbahn und Aufgabenverteilung S. 124 — „Führungskräfte" S. 124

VIII. **Das magische Dreieck der Verwaltungsreform** 126

   1. Theorie und Realität 126

   2. Kompetenz, Befugnis, Personal 126

   3. Das Ziel ist wenig, der Weg viel 128

   4. Reformer, die stillen Macher 128

Literaturhinweise 129

I. Das Einmaleins der Verwaltungsreform

1. Zwischen Scherz und Ernst

Begriffe haben ihr eigenes Schicksal. Das Schicksal des Begriffs Reform im allgemeinen und im Zusammenhang mit der Verwaltung im besonderen erscheint derzeit eher dunkel. Reform — ursprünglich Signal für den meist erfolgreichen Kampf gegen unbefriedigende Zustände, ja für den Glauben, aufwärtsstrebende Ziele in die Tat umsetzen zu können, gewinnt heute einen immer dumpferen Klang. Immer seltener erstrahlt im Begriff Reform das Hoffnungsmotiv, immer stärker machen sich Resignation, ja Zynismus bemerkbar. Reform bedeutet nicht mehr Änderung, Bewältigung oder Gestaltung, sondern selbst einen Zustand, mit dem man sich abzufinden hat.

Das Beständigste an der Verwaltung ist ihre Reform

Der Scherz vom im Dienst ergrauten Amtsrat, der über nichts mehr, außer über den Begriff Verwaltungsreform lachen kann, geht um. Und nicht ganz zu Unrecht: Solange es eine Verwaltung gibt, gibt es auch eine Verwaltungsreform. Meist läßt sie sich, gleich den Jahresringen eines Baumes, an den wechselnden Reformkommissionen ablesen. Mit jeder neuen Kommission wird dabei die Hoffnung geringer, daß endlich etwas geschieht. Sicher, die Verwaltung befindet sich in dauernder Bewegung und damit in dauernder Reform, indem sie gezwungen ist, die ihr ständig neu gestellten Aufgaben zu bewältigen. Diese Reformen des Tages und die mit ihnen verbundenen kleinen Erfolge sind wichtig: Sie dienen dem Überleben der Verwaltung.

Das ständige Flickwerk schützt zwar vor widriger Witterung, macht aber das Verwaltungskleid immer unansehnlicher. Natürlich bleibt dies niemandem verborgen: Das breite Publikum ist beunruhigt, wenn es sich nicht damit schon abgefunden hat, die Beamten fühlen sich beengt, die Politiker beschwichtigen und stellen Veränderungen in Aussicht. Doch der große Reformaufschwung verbirgt sich weiterhin hinter dem Nebel frommer Wünsche, wie Steigerung der Effizienz, Verbesserung des Leistungsangebotes oder Demokratisierung der Verwaltung. Was einzig und allein klar zu Tage tritt, sind die ständig steigenden Personalkosten der Verwaltung, die den öffentlichen Haushalt immer mehr belasten.

I. Das Einmaleins der Verwaltungsreform

Sozialstaat und Reform

Hier ist nun die Schwelle vom Scherz zum Ernst überschritten. Verwaltungsreform geht heute nicht nur mehr die Verwaltung an. Verwaltungsreform ist Politik und damit ein gesellschaftliches Problem. Die finanzielle Lage, in der sich die meisten Verwaltungsstaaten befinden, läßt die Verwirklichung neuer, mit Ausgaben verbundenen politischer Ziele nur zu, wenn die bestehenden Prioritäten neu geordnet werden. Abbau des Sozialstaates oder effizientere Erfüllung der bereits übernommenen Aufgaben, das ist heute die Frage. Jeder wird und kann sie nur im letzteren Sinn beantworten. Damit ist aber auch klar, daß der Spielraum der Politik und insbesonders der Sozialpolitik immer mehr von gelungenen Verwaltungsreformen abhängt.

Demokratie und Reform

Aller Skepsis zum Trotz müssen wir daher mit der Reform leben. Der Druck der Finanzen läßt auf die Dauer keinen anderen Ausweg zu. Und das ist auch gut so: Denn erst dadurch haben auch ideelle Gründe für eine Reform die Chance, gehört zu werden. Die Verwaltung beengt nicht nur die Politik, sie beengt auch die Demokratie. Die Verwaltung nimmt und gibt, sie macht aus Bürgern Zahler und Empfänger. Zahler und Empfänger können aber auf die Dauer eine Demokratie nicht tragen. Wo totale Abhängigkeit und totales Angewiesensein herrscht, kann von demokratischer „Selbstverwirklichung" nicht mehr die Rede sein. Damit verlieren aber auch die rechtsstaatlichen Einrichtungen des Verfassungsstaates ihren Boden und eine neue Form der Gewaltenteilung dämmert herauf: Die Trennung in verwaltende Funktionäre und in verwaltete Laien. Hier der mächtige Apparat, dort versickernde Spontaneität, die zur — das Wort ist verräterisch genug — „Betroffenheit" degeneriert. Ob diese Entwicklung in Österreich schon eingesetzt hat und ob demgemäß der Artikel 1 unserer Bundesverfassung nicht schon bald: Österreich ist eine bürokratische Republik, lauten müßte, soll hier unentschieden bleiben. Die Frage allein macht aber den Ernst der Situation deutlich. Trotz aller Skepsis — die Reform bleibt uns nicht erspart.

2. Auf die Durchsetzung kommt es an

Warum scheitern Verwaltungsreformen? Am mangelnden Willen der Politiker und Beamten oder an mangelnden Sachkonzepten? Was die letzteren betrifft, so haben die Wissenschaft aber auch die Verwaltung selbst eine Fülle von Vorstellungen zur Verbesserung der Verwaltung entwickelt, deren Nachteil nur darin liegt, daß sie in der Praxis

2. Auf die Durchsetzung kommt es an

kaum verwirklicht werden. Solche „Papierreformen", mit denen sich vor allem einige „Experten" einen schönen Nachruf verschaffen, bringen die Verwaltungsreform selbst nicht weiter. Solange das gängige Zauberwort vom Verwaltungsmanagement nur die Schulungskurse, nicht aber den Verwaltungsalltag beherrscht, verdeckt es nur die Wirklichkeit und schafft unter den Beamten höchstens Unzufriedenheit.

Scheitern die Reformen also am guten Willen? Diese Frage ist falsch gestellt. Sie muß richtig lauten: Wie kann ein gutes Reformkonzept in der Praxis der Verwaltung auch durchgesetzt werden? Damit kommen wir zu einem entscheidenden Punkt: der Durchsetzbarkeit von Reformen. So leicht es auch ist, aus der Fülle der bereits vorliegenden Reformpapiere ein weiteres „Papier" zu entwickeln, so schwer ist es offensichtlich, auch nur eines dieser „Papiere" in der Praxis durchzusetzen. Will man nicht immer für den Papierkorb arbeiten, wird man sich gerade mit dem letzteren Problem mehr als bisher auseinandersetzen müssen.

Ein Konzept macht noch keine Reform

Eine Reform ist politisch — oder sie ist keine Reform. Jede Veränderung des Verwaltungsapparates greift in „Positionen", in wohlerworbene Rechte und in politische Einflußbereiche ein. Eine Reform besteht nun nicht darin, ein Sachkonzept im Konjunktiv vorzulegen, sondern darin, sich gegen widerstrebende Interessen durchzusetzen. Eine Reformleistung bemißt sich daher auch nicht allein nach der Anzahl der befragten Beamten und auch nicht nach der Qualität der angefertigten Organogramme, sondern nach dem überwundenen Widerstand im Apparat.

Reformen tun weh. Zunächst dem Reformer selbst und, wenn er erfolgreich ist, auch jenen, deren Position geändert wird. Diesem Schmerz kann man nicht ausweichen. Man kann nur — wie dies ja auch in der Praxis geschieht — den Unernst oder die Erfolglosigkeit einer Reform bemänteln: Man kann eine „Reformankündigungstaktik" wählen und aus optischen Gründen eine neue Verwaltungsreformkommission einsetzen. Man kann auch eine neue „Reform von innen" in die Wege leiten. Letztlich kann man auch unter dem Stichwort des „Abbaus der Verwaltung" eine Reform von hinten beginnen. Die Forderung nach Personaleinsparung bei der Verwaltung klingt zwar gut, nur läßt sie sich kaum realisieren. Dafür sorgen schon starke Personalvertretungen aber auch der Umstand, daß eine Verwaltung nur sparsamer werden kann, wenn sie vorher verbessert worden ist. Es sei denn, man nimmt eine Minderung der Qualität des Verwaltungsprodukts in Kauf. Wenn die Post nur mehr dreimal wöchentlich ihre Schalter öffnet, kommt sie natürlich auch mit weniger Personal aus bzw. kann sie von einer Personalaufstockung absehen. Diese Art von Reform will natürlich auch niemand. Personaleinsparung kann daher nicht am Beginn einer Reform stehen, sondern ergibt sich — wenn das Konzept aufgeht — aus einer Reihe funktionsgerechter Reformmaßnahmen. Alle Rezepte einer „Gesundschrumpfung" der Verwaltung haben bisher nur kurzfristige Linderung verschafft — was allerdings ständig schrumpft, ist die Hoffnung der Öffentlichkeit auf die Möglichkeit einer Reform.

Reformstrategie

Die Durchsetzung einer Reform erfordert nicht nur politischen Mut und guten Willen von Seiten der Betroffenen, sondern auch geeignete Reformstrategien. Daß die Frage nach den zweckmäßigen Strategien bei Verwaltungsreformen nur selten gestellt wird, hat seine guten Gründe. Denn die Lösung dieser Frage setzt eine praktische Reformerfahrung voraus. Nur selten aber wird — sieht man von der Ausarbeitung der Reformpapiere ab — Juristen und Verwaltungswissenschaftlern die Möglichkeit gewährt, an der Durchsetzung einer Verwaltungsreform mitzuarbeiten. Dazu stehen sich Politik und Wissenschaft, allen gegenteiligen Beteuerungen zum Trotz, noch zu fern. Das ist aber sicher einer der Hauptgründe, warum die Wissenschaftler ihre Reformtheorien meistens „im ersten Stock" entwickeln und dann erstaunt sind, wenn diese „zu ebener Erd" entweder überhaupt ignoriert werden oder auf eine Mauer höflichen Desinteresses bzw. offen gezeigten Widerstandes stoßen. Wie diese Mauer zu durchdringen ist und welche Beulen sich der Reformer dabei holen kann, soll diese Schrift klarmachen.

3. Reform zwischen Utopie und Deskription, oder: Die Unentbehrlichkeit der Juristen für die Verwaltungsreform

Wer sich um die Durchsetzung von Verwaltungsreformen keine Gedanken macht, der kann umso kühnere Reformvorstellungen entwickeln. Das haben in der jüngsten Vergangenheit die Sozialwissenschaftler zum Teil getan. Die Folgen sind heute für die Verwaltung nicht sehr angenehm. Denn nun zeigt sich, „daß das andauernde Problematisieren und die enorme Anhäufung von Reformvorschlägen jener anderen Wissenschaftsdisziplinen, die viel weniger als die Jurisprudenz an konkreten Institutionen und Handlungen orientiert sind, das politische Handeln von Systemen nicht ent- sondern belasten, und zwar so sehr, daß die als notwendig erachteten Handlungen nicht mehr oder nur noch unter außerordentlich hohen Kosten zuwege gebracht werden können"[1]. Die Kärrnerarbeit, die notwendig sein wird, die Verwaltungsreform aus dem unverbindlichen und deshalb für manchen Wissenschaftler so verheißungsvollen Reich Utopia in die vielleicht problematische, aber jedenfalls zu bewältigende Gegenwart zurückzuholen, wird wohl den Juristen und Verwaltungswissenschaftlern zufallen. Sie werden diese Aufgabe auch um den Preis zu erfüllen haben, daß eine kommende Generation von Sozialwissenschaftlern ihnen vorwerfen wird, die „wahre" Reform verhindert zu haben.

Effizienz und Rechtsstaatlichkeit

Mit dieser Feststellung legt der Verfasser zugleich ein Bekenntnis ab: Daß trotz des Vordringens der Politologen und Soziologen auch im Bereich der staatlichen Verwaltung die Juristen in Zukunft nicht ganz entbehrlich sein werden. Das betrifft die Verwaltung ganz allgemein und im besonderen die Verwaltungsreform. Genausowenig wie die Verwaltung in Zukunft allein von Sozialingenieuren betrieben werden wird können, sondern weiterhin auf den regelkundigen Beamten angewiesen sein wird, genausowenig wird die Verwaltungsreform in Zukunft ausschließlich dem betriebswirtschaftlich, soziologisch oder politologisch ausgewiesenen Verwaltungsmanager vorbehalten sein können.

Die Verwaltung folgt ihren eigenen Spielregeln, ihre Ziele, ihr Verfahren und ihre Zuständigkeiten sind durch Gesetze vorausbestimmt. Gerade dadurch unterscheidet sie sich von anderen privaten Organisationen. Eine Rationalisierung der Verwaltung muß daher neben der Effizienz auch das Juristische im Auge behalten. Das neidvolle Schielen auf die Methoden der Wirtschaft allein bringt die Verwaltung nicht weiter. Wie bei einer Organverpflanzung ergibt sich auch bei jeder Verwaltungsreform die Frage nach der „Verträglichkeit" „wirtschaftlicher" Neuerungen im Organismus der Verwaltung. Managementkonzepte, die nicht im Geflecht der Verwaltungsvorschriften eingebettet sind, werden abgestoßen.

Darüberhinaus kommt es bei der Verwaltung nicht nur darauf an, daß sie funktioniert, sondern daß sie rechtsstaatlich funktioniert. Rechtsstaatlichkeit hat ihren Preis. Die gesetzlichen Bindungen und Sicherungen bringen ohne Zweifel funktionelle Erschwerungen mit sich. Die sorgfältige Erledigung einer Berufung kostet eben mehr Zeit als der Umtausch einer Ware innerhalb der Reklamationsfrist. Vor der Verwaltung steht aber auch kein enttäuschter Käufer, der einfach das Geschäft wechseln kann, sondern der Bürger, der auf sie angewiesen ist.

---

[1] *Roman Schnur*, Privileg der Juristen in der Verwaltung?, noch unveröffentlichtes Manuskript.

Rechtsstaatlichkeit soll andererseits keine Ausrede sein. Manchmal gewinnt man den Eindruck, daß sich die Verwaltung nach der Vorschrift sehnt, um „bürokratisch" sein zu können. Auch wo ihr — wie z. B. im gemeinwirtschaftlichen Unternehmensbereich — das Gesetz nur mehr wenig Halt gewährt, unterwirft sie sich aus freien Stücken der Routine und der Regel. Hier — aber auch nur hier — schlägt die Stunde der „Rationalisierungsexperten". Denn der Wohnungsbau, die Kohlenförderung, der Betrieb von Elektrizitätswerken, die Führung von Theatern und Kinos ist keine Frage des Rechtsstaates, sondern eine Frage der Konkurrenzfähigkeit. Und wenn die Ziele dieser verwalteten Einrichtungen auch noch so sozial sein mögen, das Management ist ausschließlich nach dem wirtschaftlichen Kalkül zu messen.

Die Methode der Reform hat sich also dem jeweils vorliegenden Stück Verwaltung anzupassen. In der Hoheitsverwaltung, in weiten Bereichen der Förderungsverwaltung und der Planungsverwaltung haben Juristen, Verwaltungswissenschaftler und „Rationalisierer" gemeinsam an der Behebung von Organisationsmängeln zu arbeiten. Außerhalb dieses harten und noch immer kostspieligsten Teils der Verwaltung wird man dankbar vor allem auf das Wissen der „Manager" zurückgreifen.

Für eine realistische Änderung

Genausowenig wie die Utopie führt auch die reine Beschreibung von Zuständen in der Verwaltung zum gewünschten Erfolg. Durch Beschreiben wird nichts geändert. Daß Beamte unzufrieden sind, mehr Aufstiegsmöglichkeiten wünschen, sich mit ihrem Beruf nicht identifizieren, das Verwaltungspublikum verärgern, politisch desinteressiert sind oder verschiedenen politischen Gruppen angehören, Intrigen ausgesetzt und ganz allgemein frustriert sind — das alles kommt vor und ist den „Insidern" wohl bekannt. Insbesondere die Spitzen einer Verwaltungsorganisation wissen meist wo der Schuh drückt, wenngleich sie es nicht immer in Prozentsätzen angeben können. Solange man aber schlechte Schuhe nicht ändert, bleibt ihren Trägern nichts anderes übrig, als die Zehen schmerzhaft zu krümmen. Mit anderen Worten: Es geht darum, die Schwachstellen der Verwaltung zu finden und die Organisation so zu ändern, daß diese Schwachstellen verschwinden. Dazu reichen allerdings Appelle an die Beamtenschaft, wie seid leistungsfreudig, oder ganz allgemein: seid gut zueinander, nicht aus. All das verpufft, wenn nicht die organisatorische und damit die juristische Fassung der Verwaltung selbst auch geändert wird.

Natürlich setzt die Formulierung organisatorischer Änderungsvorschläge die Kenntnis des faktischen Verwaltungslebens voraus. Wer als Jurist darangeht, eine Verwaltung zu reformieren, muß zunächst lernen, sich in der Empirie zu bewegen. Hier nun ist er insbesonders auf den Soziologen als Partner angewiesen. Er wird sich freilich umso leichter tun, je besser er die Verwaltung aus eigener Anschauung kennt. Reformer, die die Verwaltung nur aus Studienberichten kennen, werden den Geist des Apparats nur schwer durchdringen.

4. Zur Person des Reformers

Jenseits von Sachkonzepten und Strategien ist die Durchsetzung einer Verwaltungsreform auch ein menschliches Problem. Eine Verwaltungsreform wird nur zum geringeren Teil am Schreibtisch geboren, zum größeren Teil aber in der täglichen Begegnung mit den Politikern und Beamten erlitten. Erwartet wird fundierte wissenschaftliche Einsicht, nicht aber selbstgefällige wissenschaftliche Souveränität. Die bei der Realisierung einer Reform ständig neu auftauchenden Hindernisse, die wechselnden Machtkonstellationen, mit einem Wort die jeweilige „politische" Reformlage, sind durch starres Festhalten an einmal entwickelten Konzepten jedenfalls nicht zu bewältigen. Die Logik der Politik verdrängt nicht selten die Logik der Sache. Der Reformkonsens wird nicht durch die Orientierung am Dogma, sondern durch die Orientierung am täglichen Gespräch geschaffen und erhalten.

Das Geschäft eines Verwaltungsreformers ist daher mühevoll aber auch interessant. Es zwingt ihn, sich mit den Menschen abzugeben, auf ihre Nöte und Vorstellungen einzugehen. Als Mensch täglich neu zu lernen, als Experte täglich neu zu überzeugen, das macht erst den Reformer aus. Kühles wissenschaftliches Interesse allein ist zu wenig: Nur die verbissene Liebe in den Apparat, trotz aller Enttäuschung, hält den Glauben an den Erfolg der Reform aufrecht.

5. Das Anliegen dieser Schrift

Diese Arbeit ist als Tagebuch einer erlebten Verwaltungsreform entstanden. Es zeigt zunächst den mühsamen Weg der Durchsetzung einer Reform auf und macht insbesondere die zeitliche Abfolge der einzelnen Reformschritte deutlich.

Im dritten Abschnitt werden die Personen vorgestellt, die dem Reformer auf seinem Weg durch die Verwaltung begegnen. Politiker und Beamte — sie treten in verschiedenen Rollen, Schattierungen und in ihren persönlichen Eigenschaften höchst plastisch auf der Bühne der Verwaltung auf. Und der Reformer sitzt nicht nur im Parkett, sondern darf und muß sie auf den Brettern ihrer Bühne, zumindest für kurze Zeit, begleiten. Der Griff ins volle Menschenleben fördert immer neue

Nuancen und Überraschungen zutage, bei einiger Distanz ergeben sich auch typische Konturen der Akteure. Ich habe versucht, einige davon festzuhalten. Sollten sich einige der Menschen, die mir im Laufe meiner Reformarbeit begegnet sind, an Hand der allgemeinen Beschreibung wiedererkennen, würde ich dies als Erfolg verbuchen.

Letztlich wird das Handwerkszeug eines Verwaltungsreformers erläutert. Zwei Einschränkungen sind hier am Platz. Es war nicht mein Ehrgeiz, das große Gebäude der betriebswirtschaftlichen und soziologischen Organisationslehre lückenlos auszubreiten. Nur jene Sachprobleme, die sich bei jeder Verwaltungsreform ergeben, sind hier erwähnt. Im besonderen kam es mir darauf an, die Sachfragen so zu schildern, wie sie sich im praktischen Reformalltag darstellen. Auf einen wissenschaftlichen Anmerkungsapparat habe ich daher weitgehend verzichtet; der Kundige wird allerdings den Bezug der einzelnen Ausführungen zu den Lehrbüchern und sonstigen wissenschaftlichen Abhandlungen unschwer herstellen können.

Bei einer konkreten Verwaltungsreform kommt es nicht nur darauf an, daß Sachkonzepte in sich schlüssig sind und dem letzten Stand der Wissenschaften entsprechen, sondern wie es gelingt, sie den Erfordernissen eines konkreten Verwaltungsapparates anzupassen. Eine Reform wird daher den „reinen" Wissenschaftler kaum je befriedigen. Denn sein theoretisches Gerüst muß praxisgerecht zurechtgehobelt werden und verliert dabei seine ursprünglichen Proportionen. Erst mit den Spänen wird eine Reform realistisch. Wie dies genau vor sich geht, könnte nur anhand der Beschreibung einer konkreten Verwaltungsreform dargestellt werden. Eine solche Schilderung würde aber wieder nur das Interesse der unmittelbar Betroffenen wecken. Deshalb wurde hier versucht, die Reformerfahrungen allgemein wiederzugeben. Selbstverständlich sind sie deshalb nicht allgemein gültig. Es gibt viele Wege zur Durchsetzung einer Reform, aber nur ein Ziel: den Erfolg.

II. Tagebuch einer Verwaltungsreform

1. Die Vorbereitung der Verwaltungsreform

Der Entschluß, eine tiefgreifende Reform eines Verwaltungsapparates durchzuführen, erwächst nicht von heute auf morgen. Meist wird die Frage der Reformbedürftigkeit des Apparates zunächst intern heftig diskutiert, wobei sich meist drei Parteien herauskristallisieren: die Reformbefürworter, die Gruppe jener, die der Auffassung sind, daß ohnehin alles in Ordnung sei und daß eine Reform nur Unruhe in den Apparat bringen könne und schließlich die Gruppe der Desinteressierten, denen alles egal ist, was im und mit dem Apparat passiert. Letztere reagieren auf entsprechende Vorstellungen meist mit dem Hinweis, daß es sich „die da oben" ohnehin richten würden. Die beiden letzteren Gruppen bilden oft eine Allianz gegen die Reformbefürworter. Gelingt es diesen dennoch, sich mit ihrem Standpunkt durchzusetzen, sei es, daß das Unbehagen im Apparat eine bestimmte Schwelle überschritten hat, sei es, daß sich die politischen Spitzenfunktionäre aus sichtbaren Reformanstrengungen politischen Gewinn erhoffen, stellt sich ganz allgemein die Hauptfrage nach der Durchführung der Reform.

„Reformexperten"

Eine erste Entscheidung, die hiebei zu fällen ist, betrifft den Einsatz „neutraler" Gutachter. Soll die Reform ausschließlich durch die Beamten selbst vorangetrieben werden, oder sollen „Reformexperten" von außen beigezogen werden. In Österreich hat man bisher — im Gegensatz zur Bundesrepublik Deutschland — vorwiegend den inneren Selbsterneuerungskräften vertraut. So sollte z. B. durch den Aufruf der Bundesregierung im Mai 1967 an die Bundesbediensteten, Verbesserungsvorschläge betreffend den Verwaltungsablauf einzubringen, eine „Reformbewegung in der Beamtenschaft" in die Wege geleitet werden. Dieser Aufruf hat damals tatsächlich zu zahlreichen Dienststellenleiter- und Kanzleileiterbesprechungen geführt, bei denen mancher nützliche Reformgedanke geboren wurde.

Eine grundlegende, systematische Erneuerung des Apparats wird aber durch eine solche „Binnenreform" kaum bewirkt werden können. Dies schon aus dem einfachen Grunde nicht, weil ja die einzelnen Mitglieder des Apparates stets nur einen Ausschnitt des gesamten Verwaltungsgeschehens vor Augen haben und damit Reformvorschläge nur unter der für sie maßgeblichen Perspektive erarbeiten können. Zum anderen aber auch deshalb nicht, weil die Beamten bei einer Reform selbst Partei sind und deshalb radikale Reformschnitte nur bedingt befürworten werden.

Auch die Einschaltung einer breiteren Öffentlichkeit in die Reformbemühungen ändert daran nur wenig. Dies zeigte sich deutlich an dem immerhin publikumswirksamen Aufruf der Bundesregierung vom Oktober 1969 an die Staatsbürger, an der demokratischen Gestaltung des Parteienverkehrs mitzuarbeiten. Auch diese Bemühungen versandeten letztlich in einzelnen, nur punktuell verwertbaren Anregungen.

Solche und ähnliche Erfahrungen mögen der Grund sein, warum bei den meisten — ernst gemeinten — Reformbemühungen im Ausland „Experten" von außen beigezogen werden. Nicht, daß dies schon eine Garantie für den Erfolg bedeutet. Aber der „Wille zur Reform" wird zunächst deutlich.

Wie man „Experte" im Rahmen einer Verwaltungsreform wird, soll hier nicht näher untersucht werden. Eine Ausbildung dazu gibt es jedenfalls im Verwaltungsstaat Österreich nicht. Der Verwaltungswissenschaft wird nämlich hierzulande weder in der Lehre noch in der Forschung ein Heimatrecht gewährt. Die juristischen Staatsprüfungs- und Rigorosenordnungen sehen zwar die „Verwaltungslehre" als Lehr- und Prüfungsfach vor, eine daraufzielende Prüfungsfrage würde aber bei den Studenten der Rechtswissenschaften kaum jemals auf Resonanz stoßen. Noch betrüblicher, für Kenner der Szene jedoch kaum überraschend, ist die Tatsache, daß die Verwaltungswissenschaft auch im Stundenplan der neugegründeten „Bundesverwaltungsakademie" derzeit nicht aufscheint. Angesichts dieser Lage kann man für die reformwilligen Auftraggeber nur hoffen, daß die zur Hilfe gerufenen „Experten" dennoch eine entsprechende Qualifikation, sei es auf Grund praktischer Erfahrungen, sei es auf Grund theoretischer Studien, am besten durch beides, besitzen. Da wir dies unterstellen, sollen im folgenden beim Wort Experten auch die Anführungszeichen entfallen.

Der Auftraggeber

Der Person des Auftraggebers kommt besondere Bedeutung zu. Er ist der Animator der Reform, der den „Reformgaul" über alle Hürden hinweg ans Ziel bringen soll. Wie wir später noch sehen werden, haben die Reformhürden wahrhaft olympische Ausmaße. Deshalb ist es wich-

1. Die Vorbereitung der Verwaltungsreform

tig, daß der Auftraggeber im Apparat, d. h. also in der Beamtenschaft aber auch politisch stark verankert ist. Meist wird dies ein Politiker sein, dessen Wort etwas gilt.

Je größer der zu reformierende Apparat ist, desto schwieriger ist er im Griff zu behalten und desto schwieriger gestaltet sich auch die Durchsetzung einer Reform. Dasselbe gilt auch für die Breite des Reformthemas. Es ist natürlich leichter unter dem Stichwort Verwaltungsreform den Einsatz moderner Schreib- und Diktiergeräte oder die Neuordnung der Aktenablage voranzutreiben, als z. B. die Zuständigkeiten einzelner Dienststellen neu zu regeln und sie mit einer entsprechenden Personalplanung zu verbinden. Gerade bei solchen umfassenden Reformanstrengungen kommt es nicht selten vor, daß sich die Reformträger übernehmen.

All dies muß der Auftraggeber erwogen haben, bevor er zur Auswahl der Experten schreitet. Für diese Auswahl sind meist nicht nur fachliche Gesichtspunkte, sondern auch persönliche bestimmend. Das ist nur verständlich, gibt es doch — wie bereits erwähnt — keinen Beruf „Verwaltungsreformer". Überdies erfordert die Durchführung einer Verwaltungsreform nicht nur fachliche Kenntnisse, sondern auch bestimmte persönliche Eigenschaften von Seiten der Reformer. Ein theoretisch und fachlich noch so versierter Fachmann wird eine Reform nie zu Ende bringen, wenn es ihm nicht gelingt, mit den Leuten ins Gespräch zu kommen. Nicht selten überträgt sich die Abneigung gegen den Reformer auf die Reform selbst.

Diese Unwägbarkeiten machen die Verwaltungsreform zu einem Abenteuer und können auch vom Auftraggeber nur zum Teil gesteuert werden. Als starker Mann wird er sich bei der Beauftragung vor allem auch vom persönlichen Eindruck leiten lassen. Mangels fachlicher Entscheidungsgrundlagen muß er „Vertrauen in den Mann gewinnen". Hier spielen oft gleichgelagerte Anschauungen, die Herkunft, zum Teil auch die Gleichaltrigkeit eine nicht zu unterschätzende Rolle. Kenner behaupten überdies, daß auch die parteipolitische Zugehörigkeit nicht ganz ohne Bedeutung ist. Sicher, von der Sache her ist dies nicht ganz verständlich; aber da die Verwaltungsreform nun einmal zum Teil auch eine politische Angelegenheit darstellt, läßt sich das „menschliche" Element aus ihr niemals zur Gänze ausschließen.

Die Abgrenzung des Reformthemas

Die Zielkataloge von Reformen erinnern oft an Briefe an das Christkind. Nur die Wünsche sind nicht so konkret formuliert. Dem Auftraggeber schwebt z. B. die Erhöhung der Mobilität der Beamten, insbesondere die Schaffung einer leistungsgerechten Besoldungslaufbahn vor oder er drängt auf eine „sachgerechte" Neuordnung der Zuständigkeiten der einzelnen Ämter, will die Linienorganisation durch Stäbe entlasten, den Apparat durch Dezentralisation „bürgernäher" gestalten, die Koordination verbessern, etc. In jedem Fall legt er darauf Wert, daß die Effizienz des Apparates erhöht wird.

Naturgemäß ist mit der Angabe dieser Ziele noch nichts über die Maßnahmen ausgesagt, die zu deren Erreichung notwendig sind. Die erste Aufgabe der in die engere Auswahl gezogenen Experten besteht daher darin, diese ersten Reformideen in konkrete Vorschläge einzukleiden. Dies ist oft gar nicht einfach, da ja die Experten noch über keine ausreichenden Sachinformationen verfügen. Denn die Umsetzung der Zielsetzungen in konkrete Reformmaßnahmen, die sowohl den Verwaltungsablauf als auch die einzelnen Verwaltungsinstitutionen betreffen, erfordert ja eine sorgsame Erhebung des Apparats und kann daher schwerlich am Beginn der Reform selbst stehen. Die einleitenden Rezepte der Experten werden daher konkreter als die Zielkataloge, aber beileibe noch nicht praxisnah sein. Sie bestätigen vor allem dem Auftraggeber, daß die Richtung stimmt, sind aber noch nicht realistisch.

Manche Verwaltungsreformen werden den „Wunschcharakter" nie los. Die Folge davon ist, daß die Untersuchungen zu „hoch" angesetzt, wissenschaftlich-abstrakt an den Sachproblemen vorbeigeführt werden und daher letztlich für die konkrete Verwaltung ohne Aussagewert und damit ohne Effizienz bleiben. Dem Vernehmen nach sollen solche „Schubladengutachten" gar nicht so selten sein; das dem „Experten" dafür ausgehändigte Honorar kann letztlich nur als Lehrgeld der Verwaltung abgebucht werden.

Die endgültige Abklärung des Reformthemas erfolgt meist in einem dialogischen Verfahren, in dem das allgemeine Reformkonzept der Auftraggeber mit den Sachkenntnissen der Experten zu einem gemeinsamen Papier verschmolzen werden. Dieses „Reformpapier" sollte allerdings nicht nur ein Sachkonzept enthalten, sondern zugleich auch die einzelnen Reformschritte zeitlich festlegen. Vor allem müssen für die Reformarbeit enge Fristen gesetzt werden. Wie sich noch zeigen wird, spielt gerade die Zeit bei einer Reform eine besondes große Rolle. Auch sachlich realistisch angelegte Reformen können scheitern, wenn sie verschleppt werden. Ein gutes „Reformklima" dauert nicht ewig; läßt man es verstreichen, bleibt die Reform auf dem Papier.

Die Entschärfung der Personalfrage

Jede Reform des Apparats hat auch Auswirkungen auf die Mitglieder des Apparats. Natürlich stehen im Vordergrund institutionelle Fragen oder Fragen des Verwaltungsablaufes — irgendwann kommt aber der Referent Meier darauf, daß durch diese Struktur- und Funktionsreformen auch seine eigene Stellung berührt wird. Und es ist nur verständlich und menschlich, daß er einer Reform, die ihm schadet, Widerstand entgegensetzt.

Die Akzentuierung der Personalfrage kann daher unter Umständen den vorschnellen Tod der Verwaltungsreform bedeuten. Besonders dort, wo die Interessen der Beamten durch starke Personalvertretungen gesichert werden, schwebt die „Nichts-wegnehmen-dürfen-Einrede" wie ein Damoklesschwert über der Verwaltungsreform. Schon in diesem Stadium der Reform ist daher die Beamtenschaft mit dem Versprechen zu beruhigen, daß keine Schmälerung „wohlerworbener Rechte" eintreten werde. Die Beruhigung der „Betroffenen" ist Aufgabe der Politiker. Je besser es ihnen gelingt, desto größer sind die Chancen und der Spielraum der Reform.

Erste gezielte Querschüsse gegen die Reform

Auch wenn der Auftraggeber noch so stark ist, die Gegner der Verwaltungsreform rühren sich schon zum Zeitpunkt der Auftragsvergabe. Nur selten peilen sie dabei ihr Ziel auf geradem Weg an. Meist verhüllen sie ihre Absichten mit „sachlichen" Überlegungen. Die Abwehrtaktiken sind dabei vielfältig:

Präsentation abweichender Zielvorstellungen durch Mitglieder der Reformkommission: Ohne gemeinsame Reformziele gibt es keine Reform. Gelingt es daher den Opponenten, eine einhellige Auffassung über die Ziele der Reform zu verhindern, so können sie damit die ganze Reform vereiteln. Und dies fällt ja nicht besonders schwer, da es viele Wünsche an die Verwaltung gibt und daher auch die abstrakten Ziele einer Reform beliebig vermehrbar oder einschränkbar sind. Das Gefährliche an dieser Taktik ist, daß alle Zielkonzepte sachlich gleichermaßen begründet werden können. Schwebt dem Auftraggeber die Reform der Hoheitsverwaltung vor, so können die Opponenten mit dem gleichen Recht die Reform der von der Verwaltung betriebenen Wirtschaftsunternehmen als vordringlich hinstellen. Beide Konzepte sind berechtigt, nur übersteigen sie die Reformkapazität eines Apparates bei weitem. Deshalb heben sie sich gegenseitig auf.

Minimalisierung des Reformprogramms: Diese Taktik ist klar durchschaubar, aber nicht minder gefährlich. Umfaßt das ursprüngliche Reformthema eine allgemeine Stellenbeschreibung der einzelnen Dienststellen der Verwaltung, so wird von den „Verhinderern" vorgeschlagen, doch zunächst eine Kanzleireform in die Wege zu leiten. Denn dort seien die Mißstände evident und leichter behebbar. Mit letzterem Hinweis haben die Opponenten meistens recht, weil Kanzlisten im allgemeinen nicht dieselbe Macht haben wie Dienststellenleiter. Letzteres stimmt sicher und viele Reformen konzentrieren sich auf die „Kanzlei" auch deshalb, weil sie sich damit in Bereichen bewegen, die „niemandem" weh tun. Korrekter wäre es zu sagen, daß Widerstände, die aus solchen Bereichen kommen, ignoriert werden können. Alibireformen anstelle von Gesamtreformen — der Vergleich mit der Schwalbe, die noch keinen Sommer macht, drängt sich auf. Den Verteidigern des status quo ist dies egal — sie haben ihr Ziel erreicht.

Streit über die Gutachterauswahl: Eine ganz einfache Taktik des Verhinderns von Reformen liegt darin, daß man sich über die in die engere Wahl gezogenen Experten nicht einigen kann. Da das Berufsbild des Verwaltungsreformers unscharf ist, kann sich auch die Ablehnung eines in Erwägung gezogenen Experten auf allgemeine, nicht weiter überprüfbare Bedenken beschränken.

Kuckucksmethode: Herrscht über den oder die Experten Einigkeit, kann gleichwohl der Reformbeginn hinausgezögert werden. So zum Beispiel durch den Hinweis, daß man eine bestimmte „erfahrene" oder „wichtige" Person bei der Auswahl der Gutachter nicht übergehen könne. Dies läuft oft auch auf die Bestellung eines Hausgutachters hinaus. Auch wenn diese Person tatsächlich für die Reform wichtig wäre, erfordert ihre Beiziehung natürlich wieder einen Zeitaufwand, der den Reformbeginn hinausschiebt. Erteilt er überhaupt eine Absage, so ist auch das Expertenteam und damit die Reform selbst in Frage gestellt.

Streit über die Finanzierung des Gutachtens: Daß eine Verwaltungsreform letztlich auch Geld kostet, ist klar. Es fällt daher besonders leicht, unter dem Titel der Sparsamkeit der Verwaltung, die Finanzierung einer Reform abzuwürgen. Was die Reform bringen wird, läßt sich kaum abschätzen. Der Reformaufwand steht hingegen als runde Summe fest. Kleine Zahlen, kleine Geister — die Abschreckung ist aber groß.

Den Gutachtern sind in diesem Stadium der Verhandlungen die Hände gebunden. Sie können allerdings den Kritikern bei der Abfassung des Reformpapiers durch Konzilianz entgegenkommen. Strittige Reformpunkte brauchen in diesem Papier nicht aufzuscheinen. Es dient ja hauptsächlich der Einleitung der Reform und muß daher auch oppositionelle Standpunkte aufsaugen können. Es ist ein „Harmonisierungspapier", das die Erteilung des Reformauftrages bezweckt, nicht jedoch die abschließende Reformkonzeption enthält. Die Reform selbst geht ohnehin meist andere Wege.

Die Beseitigung all dieser Widerstände benötigt oft Monate, dies auch dann, wenn der Reformwille im grundsätzlichen vorhanden ist. Erst wenn der Auftrag zur Reform erteilt ist, kann endlich mit der konkreten Arbeit begonnen werden.

2. Maßnahmen zur Einleitung der Reform

Die Einleitungsphase dient im weitesten Sinne der Sondierung des Reformbereiches. Insbesonders sind nun technische und politische Maßnahmen zu setzen, die einen möglichst effizienten und reibungslosen Gang der Erhebungen gewährleisten. Verwaltungsreform ist ein relativ aufwendiges Unterfangen; sie muß daher organisiert werden. Neben allgemeinen technischen Voraussetzungen, wie einer guten Sekretärin und ausreichenden Büroräumen und Büromaterial gehört dazu:

Der Erhebungsplan

Der Erhebungsplan ist ein wesentliches Hilfsmittel für die Erfassung des Ist-Zustandes des Apparates. Er legt fest, welche Personen zu welchem Zeitpunkt befragt werden sollen. Die exakte Einhaltung des Erhebungsplanes ist Voraussetzung für eine zeit- und kostensparende Durchführung der Reform. Bei der Erstellung des Erhebungsplanes sind die Experten auf die Mithilfe der Auftraggeber angewiesen. Denn nur diese wissen genau, welche Beamte in welchen Positionen ein Maximum an Informationen vermitteln können. Eine sinnvolle Auswahl der Erhebungspersonen kann viel Zeit sparen. Nicht selten sitzt man im Laufe von Erhebungen einem Beamten gegenüber, der durch seine umfassenden Kenntnisse und sein abgewogenes Urteil den Zustand des Apparates besonders verdeutlicht. Und nicht selten kommt es vor, daß sich dann der Befrager insgeheim Vorwürfe macht, gerade diesen Mann nicht früher gesprochen zu haben, weil sich damit eine Fülle von ergebnislosen Sitzungen erübrigt hätte. Gerade dies soll durch einen guten Erhebungsplan ausgeschlossen werden.

Beamte, insbesondere Spitzenbeamte, haben viele Termine. Sie sind daher für eine Befragung nicht jederzeit greifbar. Es empfiehlt sich daher, die beabsichtigte Befragung schon frühzeitig, mindestens aber zwei Wochen vor dem geplanten Zeitpunkt anzukündigen. Die Kontaktnahme sollte hierbei jedenfalls im Einvernehmen mit dem zuständigen Behördenleiter erfolgen. Dies schon deshalb, weil der Behördenleiter meist noch sachlich wertvolle Anregungen geben kann. Vor allem aber ist diese vorherige Herstellung des Einvernehmens mit dem Behördenleiter ein Akt der Höflichkeit, der verhindert, daß sich der Behördenleiter übergangen fühlt und entsprechend reagiert. Zum anderen hebt es die Bereitschaft zur Mitarbeit, wenn der einzelne Beamte weiß, daß der unmittelbare Vorgesetzte die Befragung billigt und unterstützt.

Lagebesprechungen

Die im Zuge der Erhebungen ans Tageslicht geförderten Informationen und Probleme des Apparats sollten sofort mit den betroffenen Behördenleitern und dem Auftraggeber erörtert werden. Denn bewußt oder unbewußt zieht der Experte aus jeder einzelnen Erhebung Schlußfolgerungen, die mosaikartig zu den einzelnen Reformentscheidungen zusammengefügt werden. Gerade in diesem Vorfeld der Reformentscheidungen ist das Gespräch mit den „Insidern" besonders wichtig. Es verhindert die einseitige Fixierung auf bestimmte Standpunkte und schafft auch einen breiteren Konsens für die endgültig zu treffenden Reformmaßnahmen. Deshalb sollte die periodische Abhaltung von Lagebesprechungen schon im Erhebungsplan vorgesehen sein.

Das „politische Gespräch"

Gerade in der Einleitungsphase ist der politische Rückhalt für die Reformer besonders wichtig. Das Gespräch mit den politischen Spitzenfunktionären schafft gegenseitiges Vertrauen und verleiht den Experten jenes Prestige, das sie zur Überwindung der Widerstände aus dem Apparat brauchen.

Im Rahmen der „politischen" Gespräche werden vor allem die Schwerpunkte der Reform erörtert. Konflikte oder Widerstände von seiten der politischen Funktionäre treten hier noch kaum auf, da die Reformmaßnahmen nur abstrakt umschrieben sind. Auch der vorsichtigste Politiker wird sich dem Bestreben nach sachgerechter Zusammenlegung von Kompetenzen oder nach vermehrter Delegation von Aufgaben an die Beamten nicht verschließen können. Solche abstrakte Absichtserklärungen sind — politisch gesehen — ungefährlich, da sie noch keine „Besitzstandsfragen" aufwerfen. Die konkreten einschneidenden Maßnahmen liegen ja noch weit in der Zukunft. Der grundsätzliche Reformwille überwiegt hier auch auf Seiten der Politiker noch die Rivalität um Einfluß und Ämter.

Thema der politischen Einführungsgespräche ist auch die Frage der zweckmäßigen Vorgangsweise der Reform. Besonders wichtig ist hier z. B. die Frage, ob die Gewerkschaften und Personalvertretungen schon zu Beginn der Reform beigezogen werden sollen. Sosehr dies im Sinne einer „demokratischen" Reformbewegung zu begrüßen ist, wird diese Frage doch letztlich von den Politikern zu entscheiden sein. In Verwaltungsapparaten, in denen — wie in Österreich — die Personalvertretung sehr stark ist, wird sich eine solche Entscheidung allerdings erübrigen.

Eine wesentliche Aufgabe der Politiker ist es auch, die Beamtenschaft zur Mitarbeit an der Reform aufzufordern. Als zweckmäßig erweist sich hier neben persönlichen Appellen auch die Herausgabe eines Rundschreibens, in dem auf die Ziele der Reform besonders hingewiesen wird. Neben der Stimulierung der Beamten kommt all diesen Appellen auch insofern Bedeutung zu, als sie eine Art „politische Selbstbindung" der Politiker im Sinne der Reform bedeuten. Denn meistens sind die Beamten mißtrauisch, ob die Reformanstrengungen der Politiker auch tatsächlich ernst gemeint sind. Dies insbesonders dann, wenn durch die Reform den Beamten mehr Rechte eingeräumt werden sollen. Gerade eine Reform, deren erklärtes Ziel es ist, Aufgaben von den Politikern auf die Beamten zu delegieren, muß mit einem solchen Mißtrauen rechnen. Zumindest ein Teil davon kann durch entsprechende politische Maßnahmen abgebaut werden.

Die politischen Gespräche haben vor allem den Charakter von Einführungen. Bei der Diskussion von Sachfragen sollte darauf Rücksicht genommen werden und die Erörterung von detaillierten Fragen unterbleiben. Politiker, für die die Verwaltungsreform ein unter zehn Terminpunkten ist, haben dafür, zumindest in einem Zeitpunkt, in dem noch keine handfeste Entscheidungen zu fällen sind, nur wenig Verständnis. Viel wichtiger als unverbindliche Erörterungen von Details ist die Einschwörung der Politiker auf die großen Reformziele selbst.

3. Die Erhebung

Grundlage für jede Reform ist die Kenntnis des Ist-Zustandes des Verwaltungsapparates. Die Erhebung dient der Bestandsaufnahme von Aufbau und Wirkungsweise des Apparates. So einleuchtend es ist, daß man eine Organisation nur reformieren kann, wenn man sich vorher von ihr ein Bild verschafft hat, so schwierig ist die Frage zu klären, wie dieses Bild beschaffen sein soll. Im Wort „Bild" kommt schon zum Ausdruck, daß es bei der Erhebung nicht nur darum geht, einen möglichst realistischen Abdruck der Organisation herzustellen, sondern vor allem jene Daten hervorzuheben, die für die Reform besonders bedeutsam sind. Es geht also nicht um den Ist-Zustand schlechthin, sondern um den reformerheblichen Ist-Zustand.

Die reformorientierte Erhebung

Mit dieser Feststellung ist zugleich eine erhebliche Einschränkung des Erhebungsbereiches verbunden. Ihre Begründung ergibt sich aus einfachen arbeitstechnischen Überlegungen. Eine Erhebung, die ein lückenloses Bild der Organisation zeichnen will, verzettelt sich zwangsläufig im unübersehbaren Meer der Fakten. Ob die Amtsdiener eines Verwaltungsapparates richtig eingesetzt sind, ob die Aktenablage richtig funktioniert, ob der Schreibdienst sinnvoll organisiert ist, das alles sind wichtige Fragen, aber nur dann, wenn es darum geht, gerade diese Belange einer Organisation neu zu gestalten. Soll die Organisation in ihrer Gesamtheit neu überdacht werden, treten diese Bereiche etwas in den Hintergrund. Gegenüber der Frage der sinnvolleren Verteilung der Aufgaben auf die Beamten, der sachgerechteren Ordnung der Zuständigkeiten im Rahmen der einzelnen Dienststellen, kommt ihnen nur sekundäre Bedeutung zu. Und genau diese sekundäre Bedeutung — vom Reformziel her gesehen — muß sich auch in der Erhebungsarbeit niederschlagen. Mit anderen Worten: Die Erhebung ist nicht eine „vorurteilslose" Bestandsaufnahme, sondern sie muß stets begleitet und gesteuert werden durch die Reformkonzeption. Erheben in diesem Sinn heißt zugleich selektionieren. Erhebungen ohne solche konzeptionelle Reformperspektiven mögen zwar interessante Einblicke in den Apparat verschaffen, sie können aber nur schwer in eine Reform umgesetzt werden.

Der Hinweis auf die die Erhebung begleitende Reformkonzeption darf natürlich nicht so verstanden werden, daß sich die Reform von vornherein an einer abstrakten, starren Konzeption orientieren soll. Eine solche, die Organisationsrealität ignorierende Vorgangsweise, kann nur zu Reformluftschlössern führen. Auch dies wäre genauso verhängnisvoll wie die buchhalterische Zusammenfügung von Organisationsfakten. Die reformorientierte Erhebung hat die Verbindung zur Organisationsrealität herzustellen, ein „Faktengefühl" zu erreichen, sie darf sich aber von den Fakten nicht unter Druck setzen lassen. Die Erhebung ist ein Mittel der Reform: Sie hat zu verhindern, daß am Apparat „vorbeireformiert" wird, sie muß sich davor hüten, daß die Reform in den Fakten ertrinkt.

Die Reformziele bestimmen den Erhebungseinstieg

Die Strukturen einer Organisation ähneln dem Verkehrsnetz eines Landes. Es gibt Hauptstraßen, die die ganze Organisation umspannen und daher auch für alle Bereiche der Organisation von gleicher Wichtigkeit sind. Es gibt Nebenstraßen, die die von den Hauptstraßen ausgehenden Impulse auf die einzelnen Bereiche der Organisation weiter verteilen. Und schließlich gibt es eine Fülle kleiner Verbindungswege, auf denen sich der arbeitsteilige Prozeß des Verwaltungsalltags mit seiner Vielfalt von Entscheidungen abspielt. Wird — um im Bild zu bleiben — die Richtung der Hauptstraßen vor allem durch die Gesetze, Verordnungen und allgemeinen Zuständigkeitsverteilungen bestimmt und existieren für die Nebenstraßen Geschäfts- und Kanzleiordnungen, so wird das Leben auf den Verbindungswegen durch den täglichen Aktengang geprägt. Die Einsichtsvorschreibung „vor Erledigung", „vor Genehmigung", „vor Abfertigung", „vor Hinterlegung", die Einsichtsbemerkung, der Sichtvermerk, der Dringlichkeitsvermerk, der Genehmigungsvermerk, der Fristvermerk, der Verschlußvermerk etc., alles Dinge, die dem Laien bestenfalls als liebenswerte bürokratische Schnörkel erscheinen, — in ihnen manifestiert sich die tägliche Routine der Verwaltung.

Geht man daran, ein Straßennetz zu erneuern, wird man zunächst eine Entscheidung darüber treffen müssen, welche Kategorie von Straßen als erste in Angriff genommen wird. Man wird entweder den Hauptstraßen oder den Nebenstraßen — meist wohl den Hauptstraßen — den Vorzug geben, jedenfalls aber nicht beide zusammen „aufreißen". Denn, abgesehen davon, daß der dafür erforderliche Zeit- und Geldaufwand nicht vertretbar ist, muß ja auch während der Bauarbeiten der Verkehr weiterfließen.

Dieselbe Situation ergibt sich bei jeder Verwaltungsreform. Man kann entweder mit der Reform der prinzipiellen organisatorischen Strukturen beginnen oder aber sein Augenmerk der Reform der internorganisatorischen, insbesondere bürotechnischen Verfahren zuwenden. Man kann aber jedenfalls nicht die Zuständigkeiten der einzelnen Dienststellen eines Apparates neu ordnen und zugleich die Aktenablage reformieren. Abgesehen davon, daß man dazu ein Heer von Experten und Spezialisten anheuern müßte, würde mit Sicherheit auch die Verwaltung selbst zusammenbrechen. Noch wahrscheinlicher aber würde ein solcher Plan am gesammelten Widerstand aller Verwaltungsmitglieder scheitern.

Der „Faktendruck"

Man kann also auch bei der Reform einer Verwaltung nur schrittweise vorgehen. Sinnvoller Weise wird man dabei mit den großen Bausteinen der Organisation beginnen, wie sie durch formale Organisationsprinzipien aber auch durch die typischen Geschehnisabläufe des Apparates geprägt sind. Erst wenn hier erste Reformerfolge erzielt worden sind, kann versucht werden, die bürotechnische Ablauforganisation in den Griff zu bekommen. Sicher, man kann auch zunächst in den „Verwaltungskeller" hinabsteigen und sich an der Kanzlei festbeißen. Es mag auch leichter sein, die Aktenablage einer Verwaltung von Liegemappen auf Hängemappen umzustellen oder einen zentralen Schreibdienst zu organisieren und sich solcherart zu trösten, daß der große Reformerfolg versagt bleibt. Und es ist nicht wegzuleugnen, daß die aus dem Boden schießenden „Rationalisierungsbüros", die sich auf diese „Kellerperspektive" festgelegt haben, handfeste Erfolge aufweisen können. Diese Erfolge sollen auch nicht verkleinert werden. Es soll nur darauf hingewiesen werden, daß eine „große" Reform der Verwaltung von einem solchen Ausgangspunkt jedenfalls nicht gelingen kann. Eine solche Reform muß zwangsläufig am selbst bewirkten „Faktendruck" scheitern oder, um es wissenschaftlich auszudrücken: Eine Totalreform der Verwaltung muß versuchen, die Komplexität des Apparates auf ein noch verarbeitungsfähiges Ausmaß zu verringern. Wer ein verwaltungsmäßig handhabbares Aufgabendelegationssystem einführen will, muß zunächst den Amtsgehilfen ungeschoren lassen.

Hat man sich in diesem Sinne für eine bestimmte Reformhöhe entschieden, ist zugleich der Erhebungsbereich abgesteckt. Als nächste Frage stellt sich, wie der festgelegte Ausschnitt der Organisation am besten durchleuchtet werden kann.

Erste Orientierung — schriftliche Unterlagen

Bevor man den reformatorischen „Stellungskrieg" in Form von Befragungen beginnt, ist es zweckmäßig, sich aus den vorhandenen Unterlagen möglichst umfassende Kenntnisse über Aufbau und Wirkungsweise des Apparates zu verschaffen.

Als wichtigste Orientierungsmittel sind hier zu nennen:
— die Gesetze, die die Verwaltungsaufgaben und die Verfahrensvorschriften regeln,
— eventuell vorhandene Geschäfts- und Kanzleiordnungen, verwaltungsinterne Publikationen, z. B. Jahresberichte, Rechenschaftsberichte,
— vorgeschriebene Formulare (sog. Schimmel), die für die Regelhaftigkeit und Gleichförmigkeit von Sacherledigungen von besonderer Bedeutung sind und
— einzelne Verwaltungsakte, die über die Art der konkreten Sacherledigung Aufschluß geben.

Alle diese Unterlagen sind mit Vorsicht zu genießen. Sie müssen nämlich nicht unbedingt den tatsächlichen Verwaltungsgang widerspiegeln. Zum Teil werden Vorschriften im Verwaltungsalltag nicht eingehalten. Ein noch so gut ausgearbeiteter „Schimmel" ist für die Orientierung wertlos, wenn er in der Praxis nicht verwendet wird. Zum Teil haben die Unterlagen auch den Charakter von Memoranden, die zwar nützliche, aus der Verwaltungspraxis entstandene Anregungen enthalten, aber noch nicht „approbiert", also für die Praxis nicht verbindlich, sind.

Nochmals sei hier auf die Gefahr des „Faktendruckes" aufmerksam gemacht. Die meisten Dienststellen präsentieren mit dem größten Vergnügen jede Menge von Anschauungsmaterial. Nicht zuletzt deshalb, weil sie damit ihre Reformwilligkeit dokumentieren, ohne durch lästige Fragen gestört zu werden. Nur der für Statistiken, Register, Hausmitteilungen etc. geschärfte Blick vermag aus den herangeschafften Konvoluten das für die Reform Wesentliche zu entnehmen. Je mehr man sich auf die Details einläßt, desto zeitraubender und punktueller gestaltet sich schon die erste Orientierung, desto schwieriger und aussichtsloser wird die Einhaltung eines durchgängigen Reformkonzepts.

Zur Notwendigkeit der mündlichen Befragung

Abgesehen von diesen Vorbehalten ist die Kenntnis der objektiv erfaßbaren Daten für die Erhebungsarbeit wichtig. Die durch Unterlagen vermittelte erste Orientierung über den Ist-Zustand der Organisation gibt der weiteren Erhebungsarbeit einen sachlichen Rahmen. Die direkte Befragung der einzelnen Organisationsmitglieder kann dieser Überblick jedoch nicht ersetzen.

Die tatsächlichen Handlungs- und Entscheidungsabläufe einer Organisation spiegeln sich nur zum Teil in Gesetzen, Verordnungen, Geschäftseinteilungen oder sonstigen schriftlichen Anweisungen wider, zumindest im selben Ausmaß werden sie durch informale Kontakte geprägt.

Die formalen Organisationsvorschriften vermitteln daher nur äußere Konturen des Organisationsablaufes: Erst wenn man auch erforscht, wie sich die einzelnen Beamten im Rahmen dieser Vorschriften bewegen, erhält man plastische Perspektiven der Organisation. Legt zum Beispiel ein Gesetz fest, daß eine Kommission in einer bestimmten Angelegenheit zu entscheiden habe, so steht damit zwar die formale Entscheidungskompetenz fest, nicht jedoch von vornherein die faktische Entscheidungsstelle. Wenn nämlich die wöchentlich zusammentretende Kommission hundert entschlußbedürftige Anträge vorfindet, dann kann sie ihre Entscheidungskompetenz nur mehr formal wahrnehmen. De facto entscheidet jene Verwaltungsstelle, die die Anträge „nach Prüfung der Voraussetzungen" an die Kommission weiterleitet. Aufgabe der Erhebung ist es, solche Fakten festzuhalten. Denn erst dann kann Abhilfe geschaffen werden, sei es, daß die Kommissionsarbeit in Ausschüsse verlagert wird, sei es, daß die antragstellende Dienststelle selbst auch die formale Entscheidungskompetenz erhält.

In vielen Fällen sind die Organisationspläne mangelhaft oder gar nicht ausgearbeitet. Die internen Zuständigkeiten beruhen auf Herkommen, Zufälligkeit oder personalpolitischen Überlegungen. Sie sind zudem ständig im Fluß. Es ist eine, allen Verwaltungspraktikern bekannte Tatsache, daß manche Dienststelle nur deshalb aufgewertet wird, weil ihr Leiter sich der besonderen Gunst des Ressortchefs erfreut. Diese Gunst kann sich freilich ändern und damit auch die Verteilung der Aufgaben. Im äußeren Erscheinungsbild der Organisation ändert sich dabei oft gar nichts. Nur der Amtsdiener trägt bestimmte Akten ein Zimmer weiter. Der Reformer aber wird dieses Zimmer kaum auf der Landkarte der Geschäftseinteilung finden — es bleibt ihm nichts anderes übrig, als sich durchzufragen.

Beamte und Reformer als Partner der mündlichen Befragung

Das „objektive" Material vermittelt mit den oben gemachten Einschränkungen den Ist-Zustand des Apparates. Die lückenlose Darstellung der Organisation und damit die Erhebung selbst ist aber nicht Selbstzweck, sondern Mittel zur Verwirklichung der Reform. Das Ziel der Reform ist die Optimierung der Organisation. Auch der beste Experte ist bei der Verbesserung der Wirkungsweise des Apparates auf die Sachkenntnis der einzelnen Beamten angewiesen. Zu diesen Sachkenntnissen gelangt er aber nur, wenn er mit den Beamten ins Gespräch kommt und sie zur Mitarbeit veranlaßt. Die mündliche Erhebung ist daher nicht nur für die Darstellung der Organisationsrealität notwendig, sondern für die Erreichung der Reformziele selbst unumgänglich.

Die mündliche Erhebung ist keine Einbahnstraße in dem Sinn, daß der Experte fragt und der Beamte antwortet. Im Gegenteil: Der Reformer wird erst durch die mündliche Erhebung zum Experten für die konkrete Organisation. Erst wenn er den Apparat in allen Verästelungen kennt, kann er sein allgemeines Fachwissen in konkrete Reformvorschläge umsetzen. Nur der lernwillige Experte wird auch handfeste Reorganisationsvorschläge entwickeln können. Der Reformer ist auf die aktive Teilnahme der Beamtenschaft am gesamten Reformprozeß angewiesen. Die Beamten können möglicherweise auch ohne Reform auskommen, die Reformer ohne Beamte jedenfalls nicht.

Die Einstellung der Beamten zur Reform

Das Verhältnis zwischen Reformern und Beamten ist ambivalent. Es reicht von positiver Zusammenarbeit bis zur Opposition. Dazwischen gibt es viele Facetten, angefangen von übergroßen Erwartungen über die Einsicht in die Notwendigkeit der Reform, neutrale Distanziertheit bis zur passiven oder aktiven Ablehnung der Reform. Diese differenzierte Einstellung geht oft quer durch die einzelnen Gruppen des Apparats. Ja, sie wechselt nicht selten bei einer einzigen Person. Ein Beamter, der zunächst durchaus reformwillig war, kann zum erbitterten Reformgegner werden, wenn er sich übergangen fühlt.

Ein Wechselverhältnis zwischen der Einstellung des Beamten zur Reform und seiner Position im Apparat besteht nicht. Positive Einstellung zur Reform kann sowohl die Folge loyalen Bemühens um mehr Effizienz sein, wie auch Ausdruck der Unzufriedenheit mit dem ihm zugewiesenen Status im Apparat. Nicht selten bringen Beamte, die sich von Kollegen und Vorgesetzten — zu Recht oder zu Unrecht — falsch eingeschätzt fühlen, den Reformern das meiste Engagement entgegen. Sie sind für die Reformer wertvolle Auskunftspersonen. Sie liefern neben sachlich durchaus fundierten Vorschlägen auch Hinweise auf bestehende politische Gruppierungen, Cliquenbildung, persönliche Reibungen, hervorstechende persönliche Eigenheiten, alles Faktoren, die den Gang des Apparates beeinflussen.

Genauso fruchtbar wie mit den unzufriedenen Außenseitern sind Gespräche mit den Spitzenbeamten. Sie sind in ihrer Führungsposition meist so fest verankert, daß sie sich objektive Kritik an bestimmten Mißständen gefahrlos leisten können.

Die normalen Erhebungspartner, also jene Beamte, die weder Außenseiter noch Spitzenbeamte sind, werden für die Reformer meist nicht so schnell fündig. Es handelt sich hier um Beamte, bei denen Leistungswille, Angepaßtheit und Kritikfähigkeit bzw. -bedürfnis ungefähr gleich stark sind und daher am besten die Normalität des Verwaltungsalltags widerspiegeln.

Mag diese Typologie auch stark vereinfacht sein, so vermittelt sie dennoch ein Bild der verschiedenen Gesprächspartner der Experten, auf die es sich jeweils einzustellen gilt. Mit allen diesen Gruppen bilden die Reformer — zumindest im Zeitpunkt der Befragung — spezifische Allianzen, die im positiven Sinn als Aufbau eines besonderen Vertrauensverhältnisses verstanden werden können. Nicht selten entwickelt sich gerade aus der jeweiligen Rivalität der einzelnen Gruppen untereinander ein besonders enges Verhältnis zum Experten, der teilweise die Funktion eines Beichtvaters übernimmt. Diese partnerschaftlichen Verhältnisse sind notwendig, wenn ein Maximum an realer Kenntnis des Apparates erreicht werden soll. Sie führen allerdings hin und wieder zu Konflikten, insbesonders dann, wenn das spezielle Vertrauensverhältnis sich nicht auch in einer, vom jeweiligen Beamten bevorzugten Reformkonzeption niederschlägt.

4. Psychologie und Taktik der Befragung

Über das Interview als Erhebungsmittel und die dabei anzuwendenden Methoden sind schon zahlreiche wissenschaftliche Abhandlungen geschrieben worden. Hingegen sind — zumindest mir — Abhandlungen über die mit Befragungen befaßten Personen nicht bekannt. Befrager lassen sich eben nicht gerne selbst „hinterfragen". Da sie allerdings immer mehr auf die Verwaltungen losgelassen werden, werden sie zumindest als Typus greifbar. Die Seriosität dieses Standes steht außer Zweifel. Die folgende Schilderung zweier Randgruppen soll nur auf immerhin mögliche Irrwege aufmerksam machen.

Befrager sind auch nur Menschen

Der eine Typus von Befragern, den man auch den „Schulmeistertyp" bezeichnen könnte, versteht das Interview als Prüfung, in dem der Befragte auf seine Fähigkeiten, Kenntnisse, Leistungen, Einstellungen zum Apparat, etc. abgetastet wird und ihm in der Person des Befragers eine an Sachkenntnis überlegene — der Ausdruck „Filterfrage" ist hier besonders kennzeichnend —, psychologisch versierte, im übrigen aber unbeteiligte Instanz gegenübersteht. Dieser Befrager wird spätestens dann in Schwierigkeiten kommen, wenn ihm — was bei einer komplexen und zeitlich befristeten Reform meist der Fall ist — sein Opfer an sachlicher Detailkenntnis überlegen ist und seinen Mentor in die Rolle des Lernenden drängt. Dazu genügt meist ein Griff in den Fundus der Insiderkenntnisse, die einem auch noch so gut vorbereiteten Befrager nicht geläufig sein können.

Aber auch dann, wenn sich der Befrager keine sachlichen Blößen gibt, führt die latente Anmaßung einer Qualifizierungsinstanz zur Abneigung und Opposition des Beamten. Die Auswirkungen auf die Reform sind natürlich negativ. Sie wird personalisiert, d. h. die Befragung wird vor allem unter dem Aspekt persönlicher Nützlichkeitserwägungen oder Statusängste gesehen. Es ist ein Trugschluß zu glauben, daß ein befragter Beamter, die im Laufe einer Erhebung an ihn gestellten Fragen immer nur als objektives Mittel zur Klärung des Ist-Zustandes seiner Organisation betrachtet. Für ihn gewinnen die Fragen auch einen subjektiven Sinn. Er überlegt sich meist bei jeder Antwort, welche Konsequenzen diese auf seine persönliche Stellung haben könnte. Es ist daher verständlich, daß er seine Fragen in einer bestimmten Richtung akzentuiert, um damit den Befrager auch bei der Auswertung in eine von ihm gewünschte Richtung zu leiten. Beamte, die freimütig zugeben, daß sie nichts zu tun haben, sind jedenfalls eine Ausnahme.

Diesen Schwierigkeiten kann man natürlich ausweichen, indem man sich auf „ungefährliche", die Kernfragen des Apparates nicht wirklich betreffende Fragen beschränkt. Solche „Banalitäten" — Interviews konzentrieren sich einerseits auf die persönlichen Verhältnisse des Befragten, die für die Wirkungsweise des Apparates kaum von Bedeutung sind. Kennzeichnend sind hiefür Fragen nach der Zugehörigkeit zu Vereinigungen, politischen Parteien, nach dem religiösen Bekenntnis, dem Beruf des Vaters oder Großvaters, etc. So interessant Fragen in dieser Richtung für eine allgemeine soziologische Auswertung sein mögen, für eine Verwaltungsreform sind sie jedenfalls ohne Nutzen.

Bedenklich werden solche Fragen allerdings dann, wenn sie die Beurteilung der dienstlichen Stellung des Befragten beeinflussen. Es soll vorkommen, daß „Rationalisierungsexperten" ihre spontanen Aversionen gegen bestimmte Personen, sei es, weil ihnen deren Aussehen oder Sprache nicht behagt oder mangelndes Entgegenkommen mißfällt, in die Erhebungsergebnisse als objektive Daten einfließen lassen. Und es soll auch vorgekommen sein, daß manche Vorgesetzte solcherart zustandegekommene Erhebungsbogen als Abschußrampen verwenden, d. h. also, mißliebige Beamte disqualifizieren. Hier ist die Grenze der Seriosität einer Befragung wohl überschritten.

Viele Befragungen beschränken sich auf standardisierte, auch von Hilfskräften abrufbare Fragestellungen, die den Apparat aus der Froschperspektive beleuchten. Besonders beliebt sind hier Fragen nach den kanzleimäßigen Vorgängen. Beim Betroffenen bewirken solche Fragen alsbald Erleichterung und Entspannung, sobald er die Unmöglichkeit entdeckt, mit diesen Mitteln den Apparat aufzubrechen. Sicher sind auch solche Fragen wichtig und legitim, nur muß man sich bewußt sein, daß sie bestenfalls zu Minimalreformen führen können.

Reformkonsens — aber nicht um jeden Preis

Die Durchführung eines Interviews hängt vor allem davon ab, welches Ziel damit erreicht werden soll. Geht es „nur" darum, den Ist-Zustand des Apparates festzustellen, dann kommt es auf die „Sachgerechtigkeit" der Fragestellung an. Es ist allerdings ein Irrtum zu glauben, daß das dadurch zutage geförderte Rohmaterial an Tatsachen unmittelbar vom Experten zu Bausteinen der Reform zusammengefügt werden kann. Eine solche Reform bleibt weithin Theorie und wird zudem auch von den Beamten als aufgezwungen empfunden. Erhebungen, die einer praktischen Verwaltungsreform dienen sollen, müssen daher neben dem Ist-Zustand auch den Soll-Zustand des Apparates beinhalten. Die Notwendigkeit solcher „reformorientierten Befragungen" ergibt sich schon aus der Tatsache, daß die Beamten meist selbst gewisse Reformvorstellungen haben, die den Extrakt ihrer Unzufriedenheit mit der täglichen Verwaltungsarbeit darstellen und daher für eine praxisnahe Reform von größter Bedeutung sind.

Die Nutzbarmachung des Reformpotentials der Beamten setzt deren Motivierung und Vertrauen voraus, die beide erst ein sinnvolles Reformgespräch und damit den Übergang von der dekretierten zur dialogischen Reform ermöglichen. Das reformorientierte Interview ist aber nicht nur eine Voraussetzung für eine sachgerechte Reformkonzeption, sondern auch für die Durchsetzung der Reform unumgänglich. Denn die Beamten und die Reformer treffen sich vor allem in der Erhebungsphase. Nur hier kann es also gelingen, einen gemeinsamen Reformkonsens herbeizuführen, auf den sich die späteren Reformentscheidungen stützen können.

Dieses Konzept findet freilich dort seine Grenze, wo die Objektivität der Reform durch die Dominanz persönlicher und interessengebundener Standpunkte verloren zu gehen droht oder die praktischen Alltagsnöte die Sicht auf das anzustrebende Reformniveau verstellen. Mit anderen Worten: Wegen eines leistungsunwilligen Beamten kann eine Verwaltungsreform leistungssteigernde Elemente, wie z. B. die Einführung eines leistungsgerechten Besoldungsschemas, nicht unter den Tisch fallen lassen. Gerade in der zuletzt aufgezeigten Gefahr, der Strategie des „Nicht-weh-tun-wollens" und der Tabuierung der „wohlerworbenen Rechte" liegen sicher auch Hauptgründe dafür, daß Reformbestrebungen, die nur von der Beamtenschaft getragen werden, meist etwas kurzatmig ausfallen.

Worauf man bei der Befragung achten sollte

Jedes Gespräch, und als solches ist das reformorientierte Interview zu verstehen, folgt gewissen Spielregeln und wird durch äußere Umstände beeinflußt. Einige davon seien im folgenden kurz skizziert:

Schaffung von Vertrauen: Selbstverständliche Voraussetzung für die Schaffung von Vertrauen ist die Höflichkeit des Befragers, die im richtigen Verhältnis zur Bestimmtheit seines Auftretens stehen muß. Hier die Mitte zwischen autoritärem Verhalten und Befangenheit zu finden, mag — wie die Praxis zeigt — für manche nicht ganz leicht sein. Besonders mangelnde Sicherheit drückt sich oft in dem einen, öfters aber in dem anderen Extrem aus.

Vertrauensfördernd wirkt neben dem Hinweis auf die Anonymität der Erhebungsergebnisse im besonderen, wenn es der Interviewer versteht, eine persönliche Verbindung mit seinen Partnern herzustellen. Da spontane Sympathie sich nicht immer von selbst einstellt, muß ihr oft nachgeholfen werden, wozu dezentes Lob, das Eingehen auf die allgemeinen Sorgen, Solidaritätserklärungen etc. manches beitragen können. Ein probates Mittel zur Verhinderung von Gesprächsbarrieren ist auch der Hinweis, daß der Reformer in seinem beruflichen Alltag selbst mit ähnlichen Schwierigkeiten konfrontiert ist, wie sein Gegenüber. Das hat auch den Vorteil, daß der Reformer als „alter Hase" und „Insider", wenn auch eines anderen Apparates, akzeptiert wird.

Stellt sich im Laufe des Gesprächs heraus, daß ein Reformweg von Beamten noch nicht durchdacht wurde, sollte ihn der Befrager nicht als seine eigene Idee vorbringen, sondern das Urteil darüber dem Partner in Form einer Frage überlassen. „Meinen Sie nicht auch, daß man ihnen als Techniker die Arbeit der juristischen Begründung von Bescheiden abnehmen sollte und dafür eine zentrale Rechtsabteilung einrichten sollte?" Angesichts der Fragestellung wird der Beamte eher geneigt sein, allfällig gegen eine solche Maßnahme sprechende Bedenken fallenzulassen. Das „Verkaufen" von Reformvorstellungen setzt redlicherweise voraus, daß der Experte von ihrer Sachlichkeit überzeugt ist. Rhetorische Überrumpelungsversuche allein bringen die Reform nicht weiter.

Schreibtischsicherheit: Im Zusammenhang mit der Herstellung von Vertrauen spielen auch die äußeren Umstände eines Gesprächs eine wichtige Rolle. Die Mitteilungslust des Beamten wird sicher durch das Einzelinterview gefördert. Hier läßt sich am ehesten eine Atmosphäre des „Privaten" herstellen. Der Gesprächspartner geht dabei meist mehr aus sich heraus, wenn die Befragung am gewohnten Arbeitsplatz stattfindet. Das Sitzen hinterm Schreibtisch verleiht, ebenso wie das Tragen von Uniformen, erhöhte Sicherheit — was sich im täglichen Verkehr zwischen Beamten und Parteien erweist, kann der Reformer nur bestätigen. Aus Zeitgründen muß allerdings oft ein neutraler Ort, meist ein Sitzungszimmer, gewählt werden. Die Erhebung an Ort und Stelle ist aber jedenfalls anzustreben, auch deshalb, weil sich aus der Gestaltung der Amtsräume oft noch weitere sachliche Aufschlüsse ergeben.

Gruppeninterview: Das Einzelinterview kann sich unter Umständen, insbesondere bei großen Dienststellen, als zu zeitraubend erweisen und muß dann durch ein Gruppeninterview ersetzt werden. Hier läßt sich der Grundsatz der Vertraulichkeit und Anonymität des einzelnen Befragten natürlich nicht aufrecht erhalten. Dennoch liefert auch die gleichzeitige Erhebung mehrerer Beamten brauchbare Ergebnisse. Die geringere Bereitschaft zur freimütigen Rede wird hier oft durch Diskussionen unter den Amtskollegen selbst kompensiert, die oft neue Gesichtspunkte zutage fördern. Freilich sind hier kaum personelle Hintergrundgemälde zu erwarten, wie sie in Einzelgesprächen oft ausgebreitet werden, da die Amtsloyalität dies verhindert. Dies ist allerdings kein großer Nachteil, da die Kenntnis von Personalgeschichten die Verwaltungsreform sachlich kaum weiterbringt, sondern eher die

Neugier des Interviewers befriedigt, wenn sie nicht überhaupt zu sinnlosen Disqualifizierungen führt.

Beiziehung von Vorgesetzten: Über die Nützlichkeit der Beiziehung von Vorgesetzten kann man geteilter Meinung sein, obzwar die konkreten Erfahrungen durchwegs positiv sind. Entscheidend ist, ob im Amt auch sonst ein kollegiales Klima herrscht. Spricht bei Gruppenbefragungen nur der Vorgesetzte und beschränken sich die anderen Teilnehmer auf beflissenes Kopfnicken, kann man unschwer auf eine autoritäre Führung schließen. Für die Experten sind natürlich Sachdiskussionen, zu denen auch die Mitarbeiter echte Beiträge leisten, fruchtbarer. Ihre dabei zutage gelegte Freimütigkeit ist zugleich ein Maß für die „Aufgeklärtheit" des Vorgesetzten. Es kommt auch vor, daß Spitzenbeamte Unzulänglichkeiten in der Verwaltungsführung dem System anlasten und die Untergebenen von der konkreten Verantwortung für Reibungsverluste im Apparat zu entlasten versuchen. Hier muß freilich dann der Experte beurteilen, ob Mängel tatsächlich dem System oder nicht doch den Personen anzulasten sind.

Zur Brauchbarkeit von Fragebögen

Die bisherigen Ausführungen lassen eine grundsätzliche Beurteilung der Brauchbarkeit von Fragebögen zu: Ihre Vorteile liegen in der Standardisierung der Fragen und damit in der Vergleichbarkeit der Befragungsergebnisse. Im wesentlichen bringt der Einsatz von Fragebögen eine bedeutende Zeit- und Kostenersparnis gegenüber direkter mündlicher Befragung.

Die Fragebögen haben folgende Nachteile:
— Ihr Einsatz verhindert den intensiven Kontakt der Experten mit den Beamten. Bei reformorientierten Interviews können sie daher höchstens als Hilfsmittel eingesetzt werden.
— Die Angst des Beamten vor dem Fragebogen: Je konkreter die Fragebögen auf Mängel des Apparates, seien es systemgebundene, seien es persönliche, hinzielen, desto mehr fühlt sich der Beamte in die Defensive gedrängt. Das kann natürlich auch bei einer mündlichen Befragung der Fall sein. Nur kann man dort auftretende Mängel begründen oder entschuldigen. Diese Möglichkeit entfällt meist bei den Fragebögen. Besonders bei namentlichen Befragungen ist die Befangenheit und die Resistenz der Beamten oft sehr groß. Der Einsatz von Fragebögen ohne weitere Betreuung der Beamten ist oft der schnellste Weg, ein bestehendes positives Reformklima zu zerstören.
— Die Standardisierung der Fragen ist realitätsfeindlich. Der Einsatz von Fragebögen verhindert die Anpassung der Fragestellung an

den jeweiligen Verwaltungsbereich. Durch pauschale Formulierungen der Fragen wird der Informationswert der Antworten vermindert. Je weniger die Fragen der jeweiligen Problemstellung angepaßt sind, desto mißverständlicher werden sie oft ausgelegt.

Im Rahmen von reformorientierten Erhebungen empfiehlt es sich daher, Fragebögen nur kombiniert mit mündlichen Erhebungen einzusetzen. In dieser Form bilden sie einen allgemeinen Diskussionsraster, markieren die grundsätzliche Erhebungsrichtung und erleichtern auch die Aufbereitung und Kontrolle der abgeschlossenen Befragungen.

Das Organogramm

Eine wesentliche Hilfe bei der Erfassung, Sichtung und Systematisierung der durch die Erhebung gewonnenen Fakten bildet die graphische Darstellung der einzelnen Ämter durch ein Organogramm. Im Organogramm müssen die einzelnen Dienststellen eines Verwaltungsbereiches, ihre hierarchische Stellung und ihre gegenseitige Zuordnung ersichtlich sein. Es soll möglichst einfach sein. Sofern die Dienststellen kompetenzmäßig genau umschrieben sind, läßt sich die graphische Darstellung zu einer „Stellenbeschreibung" ausbauen.

Das Organogramm dient nicht nur der leichten Orientierung, sondern gewinnt durch seine Anschaulichkeit auch insofern Bedeutung, als es das Gespräch mit den Politikern erleichtert. Diesen kommt es nämlich — zumindest bei ihrer grundsätzlichen Entscheidung für die Reform — weniger auf die faktischen Details an, sondern auf die große Linie der Reform. Die Präsentation aller Reformgesichtspunkte wirkt sich daher meist nachteilig auf das politische Reformverständnis aus. Auch hier gilt der Satz, daß mit steigendem Faktendruck die Entscheidungfreude sinkt. Bei der Präsentation der Organogramme kann man auch von den Errungenschaften moderner Schulungstechnik profitieren. Im visuellen Zeitalter ist die Verwendung von Overhead-Projektoren ja geradezu ein Zeichen professionellen Expertentums.

Die Erhebung als Lernprozeß

Die bisherigen Ausführungen sollten deutlich gemacht haben, daß es sich bei der Erhebung mehr als nur um ein einseitiges Abfragen von Daten handelt. Im Gegenteil: Hand in Hand mit den zukommenden Informationen lernt der Befrager den Apparat immer mehr kennen. Er sieht nun selbst die organisatorischen Schwachstellen und entwickelt in der Folge daraus problemorientierte Lösungsvorschläge. Die zunehmenden Kenntnisse über den Apparat wirken sich in der

„Feineinstellung" der Fragen aus. Mit anderen Worten: Der Befrager lernt aus dem Gespräch mit dem Beamten: Die gestellten Fragen provozieren Antworten, die wiederum das ursprüngliche Fragenkonzept verändern. Aus diesem dialogischen Verfahren tritt langsam die Realität des Apparats anschaulich hervor und erschließt sich somit auch der Zugang zu einer realen Reform.

Nunmehr gelingt es auch dem Befrager, Auskunftsmängel durch Schaffung von Querverbindungen aufzudecken. Wenn zum selben Problem mehrere Stellungnahmen vorliegen, wird auch die subjektive Schlagseite einer Einzeldarstellung immer deutlicher. Erklärt ein Beamter, daß die Handwerks- und Industrieverwaltung organisatorisch zusammen gehören, muß ihm dies der Befrager zunächst glauben. Wenn ihm allerdings dann ein anderer Beamter mitteilt, daß sich die Industrieverwaltung vornehmlich auf die Subventionsvergabe beschränkt, während in der Handwerksverwaltung die Fragen der Handwerkerausbildung überwiegen, treten natürlich Bedenken gegenüber einer organisatorischen Zusammenfassung von Handwerk und Industrieverwaltung auf. Wenn schließlich der mit dem Handel befaßte Beamte darauf hinweist, daß die Vergabe von Handels- und Handwerkerberechtigungen verwaltungsmäßig im engen sachlichen Zusammenhang stehen, wird man vielleicht — abgehend vom ursprünglichen Konzept der Zusammenfassung von Industrie- und Handwerksverwaltung — den Handel und das Handwerk kompetenzmäßig vereinigen.

An diesem Beispiel zeigt sich, wie der Befrager aus den ihm zukommenden Informationen lernt. Mit dem nunmehr festgelegten Erhebungskonzept gelingt es dem Befrager auch, Informationslücken aufzuspüren. Wenn ihm zum Beispiel der mit dem Sport befaßte Beamte erklärt, daß er mit dem ihm zur Verfügung stehenden finanziellen Entscheidungsrahmen keine echte Sportförderung betreiben könne und er daher letztlich dem Politiker hilflos ausgeliefert sei, liegt es nahe, eine entsprechende Frage auch dem für die Landwirtschaftsförderung zuständigen Beamten vorzulegen. Vielleicht hätte dieser Beamte dieses Problem gar nicht angesprochen, weil ihm mehr an einem geruhsamen Dasein, als an einer Aufwertung seiner Position gelegen ist. Bei einer entsprechenden Rückfrage — „Sie sind doch auch der Meinung" — wird er aber sicher das Problem als solches zumindest zugeben.

Ist ein solches konkretes Erhebungskonzept aus der Fülle von Befragungen entstanden, ist damit auch ein wesentlicher Erfolg erzielt worden. Der Befrager wird souverän; erst jetzt kann er Kontrollfragen stellen, aber auch bisher nutzlos mitgeschleppten Erhebungsballast abwerfen. Er weiß jetzt z. B. schon selbst, daß die Koordination der einzelnen Dienststellen untereinander nicht funktioniert und sich deshalb einzelne Verwaltungsakte über Gebühr dahinschleppen oder in ein und derselben Sache widersprüchliche Entscheidungen gefällt werden, daß die Politiker willkürlich in die Kompetenzen der Beamten eingreifen, was natürlich die Arbeitslust nicht gerade fördert, daß z. B. die Techniker unter den Beamten ihre eigene Arbeit vernachlässigen müssen, weil sie vor allem mit juristischen Ausführungsarbeiten belastet sind etc. Gerade solche bereits allgemein akzeptierte Fehler können dann auch in Form einer „Mängelrüge" in objektiver Form vorgebracht werden.

Die Erhebung als Lernprozeß setzt allerdings voraus, daß der Reformer bereit ist, sein ursprüngliches Erhebungskonzept an Hand der aufgefundenen Realitäten zu verifizieren und wenn nötig zu ändern. Erst wenn er so die Organisation hinlänglich im Griff hat, kann mit der Entwicklung der Reformkonzeption begonnen werden.

5. Von der Diagnose zur Theraphie: Die „Theorie der Reform"

Konkrete Reformmaßnahmen werden nicht über Nacht entwickelt. Sie erwachsen vielmehr allmählich aus der ständigen Befassung mit den Problemen des Apparates. Reformgesichtspunkte lenken zum Teil auch schon die Richtung der Erhebung. Sie sind hier noch sehr „weich" und können sich — natürlich mit Ausnahme bestimmter Fixpunkte — mit dem Auftauchen neuer Fakten jederzeit wieder ändern.

Bei der Theorie der Reform handelt es sich nicht um die allgemeinen Reformziele, wie z. B. Leistungssteigerung, Aufbau eines Delegationssystems, Organisierung eines Stab- und Liniensystems etc. Diese allgemeinsten Reformvorstellungen werden natürlich an jede konkrete Reformarbeit von vornherein herangetragen. Bei der Theorie der Reform geht es um die Frage, wie diese allgemeinen Reformziele durch konkrete im Apparat zu verankernde Maßnahmen zu verwirklichen sind. Liegt das Reformziel z. B. in der Delegation von Aufgaben an die Beamten, dann ist nunmehr — anhand der gewonnenen Einsicht in den Apparat — festzulegen, welche Grenzen den Entscheidungsbefugnissen des Beamten konkret zu ziehen sind.

Die Arbeit für die Umsetzung der allgemeinen Reformziele in konkrete Reformmaßnahmen muß im Rahmen der Erhebung geleistet werden. Nochmals sei darauf hingewiesen, daß das reformorientierte Interview nicht nur den Ist-Zustand, sondern auch den Soll-Zustand der Organisation zum Gegenstand hat. Das Erhebungskonzept gleitet daher langsam in eine konkrete Reformtheorie hinüber. Wenn zum Beispiel der Reformer aus mehrfacher Befragung erkennt, daß die Techniker mit der Begründung von Bescheiden zeitlich und fachlich überfordert sind, wird er daraus entsprechende Schlüsse ziehen. Etwa: Daß eine zentrale Rechtsabteilung zu schaffen ist, die die Bescheidausfertigung übernimmt. An diesem Beispiel wird deutlich, wie aus der Feststellung eines Mangels ein Reformvorschlag erwächst.

Theorie der Reform bedeutet nicht, daß mit Abschluß der Erhebungsarbeit nunmehr ein „unabänderlicher" Reformplan die weitere Arbeit lenken kann. Die Theorie der Reform ist nur der Übergang von der Erhebung zur konkreten Reformentscheidung. Sie bedeutet den Sprung von der Diagnose zur Therapie eines Verwaltungsapparates. Man kann die gesamte Reformarbeit sich bildlich als drei übereinander gestülpte Kegel vorstellen: Den äußersten bildet die Erhebung; nimmt man ihn weg, wird die Theorie der Reform sichtbar und hebt man diesen ab, treten die Reformentscheidungen zutage. Bei den konkreten Reformentscheidungen spielen nämlich nicht mehr nur sachliche Gesichtspunkte, sondern auch politische, insbesondere Gesichtspunkte der Durchsetzbarkeit, eine Rolle.

Theorie und Selektion

Wozu ist dann überhaupt eine Theorie der Reform gut? Zunächst aus arbeitstechnischen Gründen: Mit der Theorie der Reform wird die Organisationsrealität erstmals in ihrer Gesamtheit von gestalterischen Gesichtspunkten aus überblickt. Der Reformer sieht nunmehr die Organisation unter dem Gesichtspunkt des Soll-Zustandes und kann eine Fülle von Details, die den Ist-Zustand kennzeichnen, ausscheiden. Nur durch diese selektive Vorgangsweise wird er den weiteren, in der Entscheidungsphase an ihn herangetragenen Anforderungen der Reform gewachsen.

Objektive Gesetzmäßigkeit gegen persönliche Kränkung

Darüberhinaus hat die Theorie der Reform auch noch eine operative, ja politische Bedeutung im Rahmen der Reformstrategie. Um diese zu verstehen, muß man sich vergegenwärtigen, daß jede Reform an einem Punkt anlangt, wo ihre Maßnahmen in den Besitzstand der Beamten eingreifen. Reformer, die niemandem weh tun, sind keine Reformer. Dieser Satz deutet zugleich auf den Rubikon hin, der „wissenschaftliche" Reformvorschläge von „politischen" Reformen trennt. Reformen, die sich nicht nur auf das Aufzeigen von Mißständen und auf die Erstellung von mehr oder minder verbindlichen Rezepten beschränken, sondern auf tatsächliche Änderungen im Apparat hinzielen, mobilisieren über kurz oder lang den Widerstand der „Reformgeschädigten". Man kann die Entfaltung dieser Widerstände zwar dadurch hinauszögern, daß man — wie schon eingangs geraten — personale

Besitzstandfragen in Strukturfragen einkleidet, doch irgendwann müssen die harten Personalentscheidungen fallen. Da Reformer — Gott sei Dank — nicht mit absoluten Machtbefugnissen ausgestattet sind und auch die politischen Funktionäre bei der Durchsetzung der Reform auf maximalen Konsens mit der Beamtenschaft angewiesen sind, müssen konfliktvermindernde Durchsetzungsstrategien entwickelt werden, die Frontalzusammenstöße zwischen den Reformträgern und den Reformbetroffenen vermeiden. Eine dieser Strategien, die vor allem durch die Reformer selbst vorangetrieben werden muß, liegt in einer frühzeitigen Präsentation der Theorie der Reform. Durch sie können konkrete Personalentscheidungen auf „objektive" Prinzipien zurückgeführt werden.

Wenn dies gelingt, ist viel gewonnen. Zuständigkeits- und Personalopfer verletzen weniger, wenn sie nicht im Wege einer konkreten Anordnung erfolgen und auf eine konkrete Person bezogen sind, sondern sich als Ausfluß eines allgemeinen Reformkonzeptes darstellen. Auch die von einzelnen Parteien eingeführte — wenngleich oft durchlöcherte — „Altersklausel" beruht auf denselben Überlegungen. Der Abschied von der Funktion soll durch eine generelle Zeitgrenze erleichtert werden. Ob diese „Erleichterung" auf Seiten des Betroffenen steht, oder vor allem den Nachrückenden zugute kommt, mag dahingestellt bleiben. Der Nutzen der Klausel oder, bei der Reform, der Theorie, bleibt derselbe: Nicht der Beamte wird in seinem Zuständigkeitsbereich beschnitten, in eine andere Abteilung versetzt, hoch oder niedrig eingestuft, sondern das Prinzip einer funktionsgerechten Kompetenzbereinigung oder maximalen Delegation wird akzeptiert und durchgesetzt. Der Unterschied liegt nicht im Erfolg, sondern in der Realisierung: In einem Fall beruht sie auf konfliktreicher Personalisierung des Eingriffes, im anderen auf einer gleichsam objektiven Gesetzmäßigkeit.

Geteiltes Leid — halbes Leid

Die Durchsetzbarkeit der Reform wird auch dadurch erleichtert, daß durch die Anerkennung der Theorie der Reform in einem bestimmten Fall eine auf dem Gleichbehandlungsgrundsatz gegründete Automatik in Gang kommt. Denn wenn eine Sach- oder Personalfrage unter Berufung auf ein „Reformgesetz" in einem bestimmten Sinn entschieden wurde, müssen auch andere gleichstrukturierte Probleme im selben Sinn behandelt werden. Sicher kann auch eine Reformtheorie dem gesammelten Widerstand der Betroffenen ausgesetzt sein. Diese Gefahr einer Blockbildung besteht aber im selben Maße bei personalisierenden Einzelentscheidungen, die die Fraternisierung der Geschädigten ja geradezu herausfordern.

II. Tagebuch einer Verwaltungsreform

Reform mit Maß

Die operationale Bedeutung der Theorie der Reform sollte damit klargeworden sein. Es scheint allerdings zweckmäßig, gerade hier darauf hinzuweisen, daß eine Verwaltungsreform kein Verwaltungsbürgerkrieg sein kann, sondern stets unter Respektierung der „wohlerworbenen Rechte" der Beamtenschaft auf Konsens ausgerichtet sein muß. Noch so schöne Reformtheorien sind wertlos, wenn ihre Anwendung nicht vom personalen „Fingerspitzengefühl" getragen ist, das zwischen theoretisch „richtig" und „machbar" unterscheidet. Wo Menschen sind, „menschelt" es, sind subjektive Abneigung, Opposition, Intrigen und unheilige Allianzen nicht auszuschalten. Diese Einsicht sollte auch den Grad der Durchsetzung von Reformtheorien bestimmen; denn, pragmatisch gesehen, sind 90 % Reform noch immer besser, als gar keine. Das Lied von der Reform ist nun einmal politisch — es muß ja deshalb nicht gleich garstig sein.

6. Die Reform in der Entscheidung

Jede Reform sollte sich solange wie möglich aus dem Schußfeld persönlicher und politischer Interessen heraushalten. Der Einsatz neutraler Experten erleichtert dies. Er verleiht ja einem solchen Unterfangen den Anstrich von Objektivität und Wissenschaftlichkeit. Irgendwann muß aber jede Reform aus dem Stadium des Abwägens, des Ausklammerns, kurz, des Theoretisch-Unverbindlichen heraustreten und zur Entscheidung hingeführt werden. Das ist zugleich der Schlüsselpunkt der Reform. Wird die Reformarbeit während der Erhebung durch den Zweitakt von Fakten und Konzeption vorangetrieben, tritt nun als dritter reformentscheidender Gesichtspunkt die Durchsetzung und damit ein politisches Element hinzu.

Die Reform wird politisch

Entscheiden heißt, verbindlich werden. Die anfänglich den Reformern gut zustehende Taktik, Konfrontationen aus dem Weg zu gehen und sich durch die Präsentation von Alternativen Fluchtwege offen zu lassen, kann nun nicht mehr aufrechterhalten werden. Nunmehr gilt es, Entscheidungen zu treffen, auch um den Preis, daß dadurch personelle Widerstände geweckt werden.

Und solche Widerstände kommen bei jeder Reform, die nicht nur auf dem Papier bleibt, mit ziemlicher Sicherheit. Sie kommen aus dem Lager der Beamten und treten mit dem Vorwurf auf, daß man sie zum Reformopfer machen wolle oder, daß die Reform aus anderen Gründen

6. Die Reform in der Entscheidung

zu „politikerfreundlich" sei. Die Vorwürfe können aber genauso von den Politikern kommen und die Reformer als „beamtenfreundlich" abstempeln.

Wer glaubt, daß man diesen Vorwürfen mit dem Hinweis auf die Sachlichkeit des Vorgehens begegnen könnte, verkennt die politische Qualität der Reformentscheidung. Verwaltungsreformen enthalten nun einmal personalpolitische Entscheidungen — oder sie sind keine Verwalungsreformen. Natürlich kann die Frage, in welchem Ausmaß Aufgaben von den Politikern auf die Beamtenebene delegiert werden sollen, nach „rein" sachlichen Gesichtspunkten gelöst werden. Wird allerdings diese Lösung durchgesetzt, so liegt darin zugleich eine Grundentscheidung über das Verhältnis von Politikern und Beamten. Auch wenn versucht wird, diese Entscheidungen noch so sachlich zu begründen, machen sie diejenigen, deren Besitzstand getroffen wird, bzw. deren Hoffnungen enttäuscht wurden, zu Feinden der Reform. Denn nicht die Sachlichkeit, sondern das persönliche Interesse steht hier im Vordergrund. Indem der Reformer sich für die Durchsetzung eines bestimmten Konzeptes entscheidet, greift er zugleich in die Substanz der Verwaltung ein und wird damit politisch. Denn alles, was in die personellen Interessenbereiche einer Verwaltung oder überhaupt einer Organisation eingreift, ist eben politisch.

Dem Reformer geht es in der Entscheidungsphase wie einem Soldaten, der im unwegsamen Gelände verborgene Minen aufzuspüren hat. Er weiß im vornhinein nie genau, hinter welchen Sachbereichen sich besonders sensible personelle Interessen verbergen. Oft ist es dabei einfacher, Verwaltungsbereiche zu ordnen, für die bisher überhaupt keine organisatorischen Vorstellungen bestanden haben, als solche Verwaltungsaufgaben, die bereits organisiert sind. Denn bei der „Reform des Nichts" sind — abgesehen von der konzeptionellen Beweglichkeit, die in der Sache besteht — die personellen Interessensphären leicht abzuschätzen. Daß ein Politiker, der sich bisher im Sozialwesen besonders engagiert hat, nur nach Kampf bereit sein wird, Kompetenzen aus dem Gesundheitswesen abzugeben, ist verständlich und für den Reformer voraussehbar. Nicht voraussehbar ist aber z. B., welche personellen Interessen verletzt werden, wenn die Zuständigkeit zur Bewilligung der Schottergewinnung bei Bachbetten von der Stelle, die für die Flußverbauung zuständig ist, an die Umweltschutzverwaltung übertragen werden sollte. Sachlich sind hier sicher beide Gesichtspunkte gleichermaßen vertretbar: Die Flußverbauung kann die Schottergewinnung unter einem bewältigen. Die Umweltschutzverwaltung wird dafür sorgen, daß die Schottergewinnung nicht zu einer Zerstörung der Landschaft führt. Bei der einen Lösung stehen wirtschaftliche, bei der anderen landschaftspflegerische Überlegungen im Vordergrund. Wie hier auch letztlich entschieden wird, das „Zuständigkeitsinteresse" einer Stelle wird jedenfalls verletzt werden. Damit erwächst aber zugleich ein Reformfeind.

Reformfeinde markieren den Entscheidungsweg der Reformer. Ihnen kann hier nicht mehr ausgewichen werden. Man kann nur versuchen, durch Ausbalancierung von Sachkompetenzen, Oppositionen wieder zu befriedigen oder Allianzen zu bilden, die dem offenen Gegner an Gewicht im Apparat überlegen sind.

Das politische Gespräch in der Entscheidungsphase

Besonders in der Entscheidungsphase müssen die schon eingangs geführten politischen Gespräche wieder verstärkt werden. Die zum Teil mit den Beamten, zum Teil im stillen Kämmerchen ausgebrüteten Konzepte bedürfen nun der Abhärtung in der politischen Diskussion. Die Schwierigkeit besteht hier u. a. darin, daß die Politiker nur schrittweise mit dem gesamten Reformplan vertraut gemacht werden können. Denn Sitzungen, die länger als zwei Stunden dauern, sind in ihrem Zeitplan kaum unterzubringen. Die Präsentation von Teilkonzepten der Reform bringt die Gefahr mit sich, daß die Politiker in Unkenntnis des Gesamtrahmens der Reform, sachlich oft unbegründete Kritik an Reformdetails anbringen. Dies wird durch den naturgemäß noch provisorischen Charakter der in die Entscheidungsphase eingebrachten Reformkonzepte noch begünstigt. Hier kommt eben viel darauf an, wie die Reformer ihre Konzepte präsentieren und wie es ihnen gelingt, die Politiker für ihre Pläne insgesamt zu gewinnen.

Auch die Form, in der die Konzepte den Politikern und Spitzenbeamten zugänglich gemacht werden, kann maßgeblich dazu beitragen, oppositionelle Kräfte von vornherein nicht zu ermuntern. So ist es jedenfalls falsch, die Reformpapiere allen Politikern oder allen Beamten zugänglich zu machen. Dies kann zu negativen Absprachen und zu einem negativen Solidarisierungseffekt auf der einen oder auf der anderen Seite gegen die Reform führen. Taktisch klüger ist es, einzelne Meinungsträger im Bereich der Politik und der Beamtenschaft zunächst in privater Form über die Konzepte zu informieren. Mängel der Reformpapiere können sodann von diesen im privaten Gespräch geltend gemacht und ebenso auf kurzem Wege von den Reformern bereinigt werden. Wird dieses Verfahren nicht eingehalten, so besteht die Gefahr, daß die einmal von den Spitzenfunktionären des Apparates geäußerte Kritik nicht mehr zurückgenommen wird und sich das Gesprächsklima allgemein versteift.

Diese Vorgangsweise setzt natürlich voraus, daß die informierten Stellen absolut vertraulich vorgehen. Erfahren andere, nicht informierte

Politiker und Beamte von den einschlägigen Kontaktaufnahmen, so fühlen sie sich übergangen und nicht selten persönlich beleidigt. Um diese Klippe zu umschiffen, bedarf es eines nicht geringen Fingerspitzengefühls von Seiten der Reformer und zugleich einer Vertrauensbasis im Apparat.

Erst wenn die einzelnen wichtigen Träger des Apparates auf das Reformkonzept eingeschworen sind, kann an eine breitere Veröffentlichung der Reformpapiere gedacht werden. Insbesondere werden hier auch die Gewerkschaften und Personalvertretungen kontaktiert werden müssen, sofern dies nicht schon über den Weg einer Vertrauensperson, die von den Reformern im vorhinein informiert wurde, geschehen ist. Die breite Veröffentlichung jener Reformvorschläge, deren letzte Fassung schon der vertraulichen Kritik Rechnung trägt, leitet in die Endphase der Reformentscheidung über. In dieser Phase kämpfen Reformer, Reformbefürworter und Reformgegner mit offenem Visier.

Die Kritik läuft im Kreis

Auch eine optimale Präsentation des Reformkonzepts kann natürlich Kritik nicht ausschalten. Läßt man die interessengebundenen Standpunkte außer Betracht, so sind Meinungsverschiedenheiten auch deshalb nicht auszuschließen, weil ja die einzelnen angebotenen Reformlösungen einen Kompromiß aus mehreren Reformgesichtspunkten darstellen. Je nach dem, welchen Gesichtspunkt man als dominierend erachtet, wird man für die eine oder andere Lösung eintreten.

Dieser Kompromißcharakter jeder Reform bringt es mit sich, daß sich die Diskusison über die Reform oftmals im Kreis bewegt. Je nach dem bezogenen Standpunkt ergeben sich immer wieder dieselben divergierenden Vorstellungen betreffend einer optimalen Reform. Bei der Angleichung dieser Standpunkte gewinnt die Diskussionsbereitschaft von allen Seiten ein durchaus eigenständiges Gewicht. Hier kann man nur auf das eigene Sitzfleisch vertrauen und hoffen, daß die Reformgegner mit der Zeit ermüden. Die physischen Anstrengungen dieser Diskussionsphase dürfen nicht unterschätzt werden. Für die Autoren des Reformkonzeptes ist es dabei besonders belastend, daß sie — zumindest nach ihrer Meinung — ein abgeschlossenes Konzept vorgelegt haben, das nun immer wieder in Frage gestellt und abgeändert wird. Gerade das stellt an die Beweglichkeit und an den Fleiß der Reformer nicht geringe Anforderungen. Es ist nicht jedermanns Sache, fertige Konzepte, im Hinblick auf einen punktuellen Einwand, wieder neu zu verfassen. Am besten wappnet man sich gegen die dabei auftretenden Enttäuschungen dadurch, daß man die Reform von vornherein als „Unvollendete" betrachtet und perfektionistische Anwandlungen nicht aufkommen läßt.

II. Tagebuch einer Verwaltungsreform

Die „Huckepackreform"

Auf eine besondere Gefahr für die Verwirklichung der Reform soll hier noch aufmerksam gemacht werden, nämlich auf die auch in der Entscheidungsphase wieder einsetzende Diskussion über die wünschenswerte Reichweite der Reform. Diese Diskussion beschränkt sich nicht auf jene Bereiche, die vom Reformkonzept erfaßt werden, sondern stellt ganz allgemein die Frage, ob die Reform nicht insgesamt zu kurz geraten ist, d. h. ob nicht auch noch andere Bereiche der Verwaltung mit einbezogen werden sollten. Die Befürworter einer solchen „Huckepackreform" argumentieren meist damit, daß man, wenn man schon so weit gegangen sei, auch noch weitergehen könnte und müßte.

Solche Vorschläge bedeuten eine eminente Gefahr für das Reformkonzept, weil sie das Reformthema ins uferlose ausdehnen und damit aber zugleich die Substanz der vorliegenden Reform aushöhlen. Ist das angepeilte Ziel der vorliegenden Reform eine Neuordnung der Zuständigkeiten der einzelnen Dienststellen, dann schlagen die „Perfektionisten" auch noch eine Reform des Dienstrechtes vor. Ganz abgesehen davon, daß solche Vorschläge schon aus Zeitgründen nicht realisierbar sind, belasten sie die Organisationsreform mit allen Widerständen, die sich nun einmal notwendigerweise bei einer Personalreform in erhöhtem Maße ergeben. Oft werden solche Vorschläge natürlich nur deshalb gemacht, um die vorliegende Reform noch im letzten Stadium zu verhindern.

Der Postenschacher im Vorgriff auf die Reform

Ein untrügliches Zeichen, daß die Reform vom Apparat — entgegen der anfänglichen Skepsis — langsam ernst genommen wird, bilden die in der letzten Phase immer massiver einsetzenden Versuche, sich im neugestalteten Verwaltungsgebäude eine gute Position zu sichern. Entgegen dem Sprichwort, daß man das Fell des Bären erst verteilen soll, wenn man ihn erlegt hat, beginnen nunmehr schon die Intrigen um die vorgesehenen Posten. Die „Verlierer" der Reform, also Beamte, deren Funktion nicht aufgewertet wird, versuchen durch Vorstellungen bei ihren „Schutzherren", seien es Politiker oder Spitzenbeamte, klar zu machen, daß gerade ihr Posten eine besondere Bedeutung hat. Soweit sie dies mit der „Wichtigkeit" ihrer Aufgabe begründen, kann man ihnen kaum entgegentreten. Denn jede Aufgabe der Verwaltung ist „gewichtig".

Neue, attraktive Stellen, die durch die Reform geschaffen werden sollen, können bei den einzelnen Beamten, je nach Veranlagung und Aussicht, sowohl Rivalität als auch Neid erwecken. Da immer mehr Bewerber vorhanden sind als gute Stellen, sind die Verlierer in der

6. Die Reform in der Entscheidung

Mehrzahl und damit auch die Reformgegner. Aus diesem Grunde sollten gerade die Stellenpläne einer Reform top-secret sein. Man sollte sie erst dann enthüllen, wenn die Reform im ganzen nicht mehr aufzuhalten ist.

Der „Entscheidungssog"

Ob eine Reform letztlich durchgesetzt wird, hängt von Faktoren ab, die die Experten in keiner Weise mehr beeinflussen können. Die Politiker lassen sich bei ihrer Entscheidung von Gesichtspunkten leiten, die oft mit der Reform überhaupt nichts zu tun haben. Wollte man die Beweggründe der einzelnen Politiker schildern, die letztlich ausschlaggebend für ihr Ja zur Reform sind, müßte man eine politische Entscheidungslehre schreiben. Elemente dafür sollen im nächsten Abschnitt bei der Skizze der Politikertypen geliefert werden.

Die Entscheidung für die Reform fällt jedenfalls nicht auf einmal. Sie setzt sich vielmehr aus einer Fülle positiver Teilentscheidungen zusammen, die zum Teil durch Widerstände kompensiert werden. Der Prozeß beschleunigt sich erst dann, wenn die positive Einstellung zur Reform das Übergewicht erlangt. Manche Politiker haben ein Gespür dafür, wann der Reformzug abfährt; das ist für sie der richtige Moment um aufzuspringen.

Der Entscheidungssog zugunsten der Reform wird durch die aufgewendete Mühe, die ständigen Diskussionen und Auseinandersetzungen mit den Politikern meist im positiven Sinn beeinflußt. Abgesehen davon, daß durch diese Gespräche die gegensätzlichen Sachstandpunkte doch zum Teil angenähert werden können, liegt im Arbeitsaufwand selbst ein Element des Erfolges. Da die Politiker meist unter Erfolgszwang stehen, wollen sie Vorhaben, in die sie sehr viel Zeit investiert haben, nicht ohne weiteres abwürgen. Zumindest für einen Teil der Politiker wird — zumindest in der Schlußphase — der investierte „Reformfleiß" zu einem eigenen Argument, mit dem noch vorhandene Reste an Opposition überwunden werden können. Natürlich kommt es gerade hier auch sehr auf die Schlagkräftigkeit und Überzeugungskraft der politischen Führung an. Das sind allerdings Eigenschaften, auf die der Experte nur hoffen, nicht jedoch Einfluß nehmen kann.

III. Politiker und Beamte

1. Politiker und Reform

Die Bedeutung der Politiker und der Beamten für die Durchsetzung der Reform läßt sich in dem Satz umschreiben, daß eine Reform zwar ohne Beamte nicht möglich ist, aber nur mit Hilfe der Politiker gelingen kann. Die Beamten können also eine Reform verhindern, durchgezogen kann aber eine Reform nur werden, wenn die Politiker für sie gewonnen werden. Darin, das wurde schon mehrfach gesagt, liegt eine der Hauptaufgaben der Experten. Die Frage, wie man Politiker überzeugen kann, hängt, abgesehen von der Brauchbarkeit der Vorschläge auch vom Typus des Politikers ab. Überzeugen heißt, Menschen für etwas zu gewinnen. Gewinnen kann man Menschen nicht nur mit sachlichen Argumenten, sondern auch dadurch, daß man sich auf ihre persönlichen Eigenheiten, Interessen, auf ihren Charakter schlechthin, einstellt. Zumindest erleichtert dies das „Verkaufen" sachlicher Vorschläge.

Im Rahmen der ständigen Gespräche mit den Politikern treten — dies gilt natürlich auch für die Beamten — durchaus unterschiedliche Eigenschaften in den Vordergrund. Ihre Respektierung kann für die Reformstrategie von nicht zu unterschätzendem Wert sein. Die folgende Darstellung soll den Hintergrund aufzeigen, vor dem die Reform abläuft und knüpft damit an die Frage der Durchsetzung von Reformen an. Deshalb wurde auch versucht, die einzelnen Politiker möglichst „hautnah" zu schildern. Allerdings sollte dabei das Typische akzentuiert werden. Das schließt nicht aus, daß die einem Typus zugeordneten Eigenschaften auch bei anderen Politikertypen zu finden sind. Wie überhaupt die Realität weniger in Richtung Abstraktion, sondern in der Kombination der Merkmale der einzelnen Typen zu suchen sein wird.

Der Vollblutpolitiker

Der Vollblutpolitiker steht zwischen dem durch das Detail ausgelasteten Verwaltungspolitiker und dem nur mehr „Grundfragen" bewegenden „charismatischen" Führer. Er betreibt nicht Personalpolitik lediglich des Personals wegen, sondern um Positionen zu festigen. Ebenso sieht er Sachfragen immer auf dem Hintergrund eines politischen Grundrasters. Der Vollblutpolitiker handelt „institutionell", er verliert sich nicht in Details, sondern versucht, Realitäten seinen politischen Vorstellungen einzufügen.

Für Verwaltungsreformer ist dieser Politikertypus nicht leicht zu gewinnen. Verwaltungsreform ist für ihn nicht Endzweck, sondern Mittel zur Verwirklichung weiterer Ziele. Sofern die Reformer sich lediglich auf technische Details beschränken, sind sie für ihn keine interessanten Gesprächspartner. Bei Gesprächen mit ihm wird daher immer wieder auch die politische Dimension der Reform hervorzuheben sein. Andererseits hat der Vollblutpolitiker den „Nachteil", allgemeine Vorstellungen auch nach ihren konkreten sachlichen Auswirkungen zu beurteilen. Findet er im konkreten seine politischen Grundlinien nicht bestätigt, zieht er sich in eine reservierte Haltung zurück.

Bei Gesprächen mit solchen Politikern ist es daher sinnvoll, sich zunächst über das Prinzipielle zu einigen und dann die Fakten so zu ordnen, daß sie mit dieser Konzeption übereinstimmen. Schwierig wird die Situation, wenn einzelne Vorschläge der Reformer aus sachlichen Gründen nicht den Vorstellungen des Politikers angepaßt werden können. In diesem Fall ist es Aufgabe der Reformer abzuwägen, ob ein „sachliches Bauernopfer" noch vertretbar ist, oder ob die Distanz dieses Politikers noch in Kauf genommen werden kann, ohne die Durchsetzung der Reform ernstlich zu gefährden.

Der Tagespolitiker

Der Tagespolitiker ist für den Reformer eine eher erfreuliche Erscheinung. Seine taktischen Orientierungspunkte sind einerseits die Erringung und Erhaltung von Wählergunst und andererseits die Erhaltung und der Ausbau seiner Position im politischen Apparat. Konkrete Sachfragen der Verwaltung interessieren ihn nur sekundär. Meist begnügt er sich mit Informationen, die er für seinen Ruf als „Insider" braucht, die Erringung profunder Sachkenntnisse hält er jedoch für entbehrlich. Bevor er zu einer konkreten Stellungnahme zu bewegen ist, sondiert er die Meinung seiner Politiker-Kollegen und die allgemeine Stimmung im Apparat.

Dieser Schuß Opportunismus, der den Tagespolitiker auszeichnet, eröffnet den Reformern einen großen Bewegungsspielraum. Bei der Aufbereitung seiner sachlichen Konzepte muß er nur darauf Bedacht nehmen, daß er damit nicht in das Interessengehege des Politikers eindringt. Wichtig ist auch, daß der Reformer die Gewährs- und Gefolgsleute des Politikers ausfindig macht und sie für die Reform einnimmt. Hat er dies zuwege gebracht, so bildet die Gewinnung des Politikers meist nur eine Stilfrage. Der Tagespolitiker ist Schmeicheleien nicht abgeneigt und beurteilt oftmals die Reform danach, wie ihm die Reformer zu Gesicht stehen. Ein lockerer Gedankenaustausch bei einem privaten Abendessen wird hier mehr zustande bringen als die Präsentation von zehn Organogrammen. Allerdings ist der Rückhalt, den der Tagespolitiker der Reform verleiht, eher gering. Sein Wohlwollen verflüchtigt sich in Neutralität wenn die Reform in die Konfliktzone gerät.

Der Verwaltungspolitiker

Im Gegensatz zum Tagespolitiker steht der Verwaltungspolitiker. Der Verwaltungspolitiker ist sein eigener Untergebener. Er begnügt sich nicht mit der politischen Führung der Verwaltung, sondern drängt sich zusätzlich auch noch in die Rolle eines Vollzugsorgans. Den Verwaltungspolitiker erkennt man auf den ersten Blick oft daran, daß sein Schreibtisch mit Akten bedeckt ist. Er begnügt sich nicht mit Unterschriftsmappen, sondern will alle Akten selbst genau studieren und auch kleinere Entscheidungen selbst treffen.

Der Verwaltungspolitiker ist für die Beamten kein bequemer Vorgesetzter. Sein ins Detail gehendes Informations- und Kontrollbedürfnis geht meist zu Lasten einer zügigen Aktenerledigung. Noch unangenehmer ist, daß die Beamten bei ihren Entscheidungen jederzeit damit rechnen müssen, daß der Politiker sie wiederum aufhebt. Diese politischen Durchgriffe auf die Verwaltung schaffen naturgemäß kein Klima, in dem Eigenverantwortlichkeit und Leistungswille der Beamten besonders blühen.

Auch für die Reformer ist der Verwaltungspolitiker ein schwieriger Gesprächspartner. Er begnügt sich nicht mit einer allgemeinen Darstellung der Reformkonzepte, sondern steigt ins Detail. Das Problem ist nur, daß eine echte Sachdiskussion doch meistens nicht zustande kommen kann, weil der Verwaltungspolitiker unter permanentem Zeitdruck steht. Andererseits sind seine Reformvorstellungen nicht leicht zu umgehen, weil hinter ihnen eben politisches Gewicht steckt. Kann man allerdings den Verwaltungspolitiker für die Reformvorstellungen im einzelnen gewinnen, so erwächst in ihm ein wertvoller Bundesgenosse. Er wird ab nun auch die detaillierten Reformmaßnahmen mit der ihm eigenen Akribie vorwärtstreiben.

Der vorsichtige Politiker

Der Begriff der Entscheidung hat in unserer demokratischen Zeit eine Wandlung erfahren. Früher, als die Psychologie vor der Politik noch Halt machte, war entscheiden Ausdruck von Macht. Von Interesse waren nur die Auswirkungen einer Entscheidung. Die simple Gleichung

Entscheidung = Verantwortung beherrschte auch die Politik. Entscheidungen brachten Freunde und Feinde; wer dies nicht akzeptierte, ließ eben die Finger von Entscheidungen.

So einfach liegen die Dinge heute nicht mehr. Heute interessieren die Folgen von Entscheidungen nur mehr am Rande, im Vordergrund steht der Weg, der zur Entscheidung führt. Ja aus dem Weg schließt man zum Teil auch auf die Folgen. Ist eine Entscheidung demokratisch, dann ist sie auch gut. Lieber keine Entscheidung, als eine undemokratische Entscheidung.

An der Distanzierung der Entscheidung von der Person hat auch die Wissenschaft fleißig mitgearbeitet. Entscheiden ist für sie eine Frage der Umwelt. Je komplexer die Wirklichkeit, desto mehr muß sie reduziert werden. Das „Problematische" am Entscheiden tritt in den Vordergrund und damit zugleich die beruhigende Einsicht, daß —zumindest in der Politik — der Einzelne meist überfordert ist. Entscheiden findet heute in der Gruppe statt. Stäbe, Kontakt-Projektgruppen etc., sind die organisatorische Antwort auf die Herausforderung durch eine „immer komplexer werdende" Umwelt. Diese Entwicklung hinterläßt auch Spuren in der Sprache: Entscheiden, das klingt so endgültig; entscheiden hat etwas vom Fallbeil an sich. Deshalb spricht man heute viel lieber vom „Willensbildungsprozeß" oder, noch moderner, vom „Informationsverarbeitungsprozeß". „Prozeß" in diesem Zusammenhang signalisiert: Es ist etwas im Gange, aber es ist noch genügend Zeit, auf den fahrenden Zug aufzuspringen. Und je mehr auf den Zug aufspringen, desto demokratischer und — siehe oben — besser wird die Entscheidung.

Politik wird solcherart zum Bahnhof der Entscheidungen. Manche Politiker haben sich in die Rolle des Bahnhofswärters überraschend schnell eingelebt. Sie haben die Segnungen „demokratischer" Entscheidungen erkannt. Warum Feinde machen, wenn man mit ihnen den Entscheidungsweg gemeinsam zurücklegen kann? Heute wird man nicht mehr für Entscheidungen zur Rechenschaft gezogen, sondern man wird am Entscheiden gehindert. Damit hat sich die Gefahr der Entscheidung verlagert: Im ersteren Fall trifft sie die Person, im letzteren Fall die Sache.

Der vorsichtige Politiker entscheidet nicht, sondern er „prüft" und erledigt eine Sache „step by step". Und jeder Schritt wird mit einer Kommission abgesichert. Damit ist ein Stichwort für den vorsichtigen Politiker gefallen. Entscheiden ist für ihn vor allem die Kunst der Einsetzung und Führung von Kommissionen. In ihr sollen womöglich alle Leute sitzen, die im nachhinein als Kritiker auftreten könnten. Dagegen ist nichts zu sagen, solange der Kommission klar und zumindest mittelfristig erreichbare Ziele vorgegeben werden. Das ist aber nicht immer der Fall. Nicht selten gleichen Kommissionen Spinnen, die sich ihr Netz, sprich Entscheidungsthema, selbst stricken müssen. Sie verfassen Exposees und Zielkataloge, treten in die Vorbegutachtung ein und stellen Arbeitsunterlagen zusammen, die so umfangreich sind, daß sie Entscheidungen von vornherein ausschließen. Damit ist zugleich der Nährboden für Unterkommissionen und Arbeitsgruppen geschaffen. Die Kommission beschäftigt sich dann nur mehr damit, diese zu koordinieren; der Entscheidungshorizont wird immer größer, Land ist nicht in Sicht. Am Ende gibt die Kommission Empfehlungen ab, die der vorsichtige Politiker wiederum prüfen muß. Meistens sind aber die Kommissionen länger im Amt, als der Politiker selbst. Damit kann das Spiel von neuem beginnen.

An der Reform interessiert den vorsichtigen Politiker nur eines: die richtige Zusammensetzung der Reformkommission.

Der ideologische Politiker

Der ideologische Politiker unterscheidet sich vom Vollblutpolitiker im wesentlichen dadurch, daß er bei der Verwirkung seiner Vorstellungen nur wenig auf die Realität Bedacht nimmt. Das mag für sich betrachtet durchaus seine Berechtigung haben. Das Gespräch mit ihm wird dadurch allerdings meist zur Einbahnstraße. Der ideologische Politiker präsentiert Konzepte, ist aber an den Detailvorstellungen bezüglich der Reform nur wenig interessiert. Er nimmt auch keine Rücksicht darauf, ob seine Konzepte praktisch realisierbar sind. Einwände in dieser Richtung wertet der ideologische Politiker als Angriff auf seine idealen Bestrebungen, was in der Folge leicht zu einer Disqualifizierung der Reformer führen kann. Details sind nebensächlich. Menschen, die sich mit Details beschäftigen, sind dumm. Mit dummen Menschen will der ideologische Politiker aber nichts zu tun haben. Dies ist, etwas drastisch ausgedrückt, oft das Problem vor dem der Reformer steht, der ja nicht dazu da ist, Richtungen zu weisen, sondern Apparate funktionsfähiger zu gestalten.

Eine weitere Schwierigkeit im Gespräch mit dem ideologischen Politiker liegt darin, daß er seine Konzepte oft variiert. Das ist leicht verständlich, weil sich bei abstrakten, durch Fakten nicht gehärtete Vorstellungen, die Nunancen oft auch im Gespräch und durch den augenblicklichen Einfall ändern. Die Vorstellungen des ideologischen Politikers brauen sich wie Wolken zusammen, über denen ihr Urheber unbelastet von den atmosphärischen Auswirkungen thront. Der Reformer ist hier — um im Bild zu bleiben — oft dann der Gehetzte, dem es obliegt, die Niederschlagsmengen der einzelnen Wolken zu analysieren.

Das Gespräch mit dem ideologischen Politiker erfordert vom Reformer Zurückhaltung und Gleichmut. In der Aufarbeitung der Gesprächsergebnisse muß mancher — an sich überflüssiger — Schweiß vergossen werden.

2. Beamte und Reform

Sind die Politiker die „Einpeitscher" der Reform, so stellt die Beamtenschaft die „schweigende Mehrheit" dar, die ebenfalls für die Reform zu gewinnen ist. Dies ist insofern schwierig, als sich die Einstellung der Beamten selten eindeutig und in klar formulierten Meinungen äußert. Zustimmung und Abneigung wogen hin und her und bilden in ihrer Gesamtheit eine schwer faßbare Reformatmosphäre. Überwiegt die Ablehnung, können dadurch auch die Politiker negativ beeinflußt werden. Wird eine Reform trotzdem durchgezogen, so wird sie als undemokratisch und aufgezwungen empfunden.

Die Bezeichnung „schweigende Mehrheit" stimmt natürlich nur, wenn man die Beamtenschaft in ihrer Gesamtheit von außen betrachtet. Von innen gesehen entfaltet der einzelne Beamte trotz seiner, die Routine und Gleichförmigkeit fördernden Eingliederung in den Apparat durchaus unterschiedliche Beziehungen zu seiner verwaltenden Umwelt. Vom Alltag der Beamten dringt — trotz der Wichtigkeit dieses Standes — nur sehr wenig nach außen. Teils liebenswerte, teils ätzende Karikaturen haben zwar einzelne Facetten des Beamtenalltags hervorgehoben und damit zu ihrer Popularisierung beigetragen. Da Karikaturen aber pointiert sein müssen, um aussagekräftig zu sein und überdies die „liebenswerten" Mängel hervorheben müssen, um witzig zu sein, ist das so gezeichnete Bild der Beamten meist einseitig. Will man mit dem Beamten ins Gespräch kommen, muß man sich hier schon um ein objektiveres Bild bemühen.

Der souveräne Beamte

Das Gegenstück zum Vollblutpolitiker ist der souveräne Beamte. Er beherrscht die Regeln seines Berufes. Rechtsvorschriften sind für ihn keine Fallstricke, sondern Mittel zur sachgerechten Entscheidung. Vor allem kennt der souveräne Beamte die Schwachstellen der Organisation. Gerade deshalb ist dieser Beamtentyp für den Reformer besonders wertvoll. Es bereitet ihm keine Mühe, dem Reformer ein transparentes Bild von seinem Geschäftsbereich zu vermitteln. Allfällige Kritik verbindet er mit Verbesserungsvorschlägen, die nicht nur sachlich wünschenswert sind, sondern sich im Rahmen der Organisation auch realistisch durchsetzen lassen. Den souveränen Beamten erkennt man vor allem daran, daß er meistens Zeit hat, mit den Reformern zu sprechen. Der Umstand, daß er Zeit hat, zeigt, daß er Prioritäten setzt und sich von der Alltagsarbeit nicht überwältigen läßt.

Der souveräne Beamte hat meistens auch einen guten Zugang zu den Politikern; sonst wäre er ja kaum so souverän. Gewinnt man ihn für die Reform, so zählt dies auch bei den Politikern.

Der pflichtbewußte Beamte

Vom pflichtbewußten Beamten wird meist wenig Aufhebens gemacht. Aber gerade er ist der Kernpunkt der Organisation. Er garantiert die Kontinuität der Verwaltung. Er bearbeitet jene Akten, die den anderen lästig sind. Unbeirrt von persönlichen Bestrebungen dient er der Verwaltung. Nur weil es ihn gibt, können sich andere profilieren. Während seine Kollegen bei Besprechungen sind, Kommissionen vorstehen, Konzepte entwerfen, insgesamt also dynamische Unruhe verbreiten, dient er ausschließlich dem Verwaltungsgang. Seine Ergebnisse sind nicht spektakulär, aber ordentlich. Der Wert einer Verwaltung wird aber auch nicht an dem Spektakel gemessen, den sie entfacht, sondern an der Ordnung, in der sie geschieht und die sie bringt. Über den pflichtbewußten Beamten braucht man nur wenig sagen, außer nochmals: die Verwaltung braucht ihn am dringensten.

Der Manager

Der Manager ist die Hefe der Bürokratie. Er will vor allem gestalten und fühlt sich durch die Regeln beengt. Seine hervorstechenden Eigenschaften werden in der modernen Literatur mit Begriffen wie Führungsfähigkeit, Innovations- und Lernfähigkeit, problemgezogener Kreativität, Kommunikationsfähigkeit, etc. umschrieben. Alles in allem ein Mann der Spannkraft, ja der Spontaneität, der sich in jeder Weise vom „alten Herrn Kanzleirat" abhebt. Akten sind ihm ein notwendiges Übel, sein bevorzugtes „Kommunikationsmittel" ist das Telefon. Man findet ihn selten im Büro, dafür umso öfter bei Kontaktgesprächen oder auf der Fahrt zu Tagungen. Seine Statussymbole sind das „Vorzimmer" und der eigene Dienstwagen.

Der Manager äußert anderen gegenüber oft das Bedauern, nicht in die Privatwirtschaft gegangen zu sein, wo man Initiativen und Einfälle richtig würdigt. Gestalten kann der Manager in der Verwaltung nur, wenn es ihm gelingt, die „Subordination" abzuschütteln. Der Manager strebt daher zur Spitze. Dies auf zweierlei Wegen: Entweder ist er politisch engagiert und qualifiziert sich auf diesem Wege für Führungspositionen. Dann sitzt er meist im Stab. Ein erfolgreicher Manager muß sich natürlich „richtig" politisch engagieren. Da die Verwaltung heute mehr Bedarf an Managern hat, als „richtig" qualifizierte Manager vorhanden sind, haben heute auch die Technokraten der „Blutgruppe Null" echte Karrierechancen. Ohne Zweifel sind sie fachlich meist ausgezeichnet qualifiziert, da sie ja die fehlende Einstellung kompensieren müssen.

Die Reform kommt dem Naturell des Managers entgegen. Nicht in der Routine, sondern in der Veränderung liegt seine Stärke. Der Manager muß bei der Reform mitarbeiten, denn dadurch kann er sich qualifizieren. Läßt man ihn nicht, wird er eine „Gegenreform" in die Wege leiten.

Der Formalist

Ein Lob der Regel: „Bürokratisch", dieses Wort hat für uns einen negativen Beigeschmack. Man verbindet mit ihm einen Beamten, der sich hinter den Regeln verschanzt, „herzlos" ist, keine Initiative entfaltet, sondern nur auf Anstoß von „oben" tätig wird. Sicher, all dies kommt vor und wird auch zu Recht bemängelt. Andererseits: Ohne die „Regel" könnte die Verwaltung keinen Tag bestehen. Die Regelmäßigkeit des Vorgehens ist zunächst schon einmal Voraussetzung für eine ökonomische Verwaltungsführung. Sie garantiert, daß gleichgelagerte Verwaltungsfälle schnell entschieden werden, weil nicht bei jedem einzelnen Fall von neuem komplizierte Entscheidungsfragen gelöst werden müssen.

Die Regelhaftigkeit der Verwaltung und damit der Formalist müssen aber auch aus einem anderen Grund in Schutz genommen werden. Gerade heute, da manche Verwaltungsreformer aus jedem Beamten einen Sozialingenieur machen möchten, muß die Bedeutung des Formalisten für die Gleichheit des einzelnen Staatsbürgers vor dem Gesetz und vor der Verwaltung besonders herausgestrichen werden. Roman Herzog[1] hat treffend daraufhingewiesen, daß „es ein verwaltungspolitisches Vabanquespiel ersten Ranges (wäre), auf jenen fleißigen und soliden Anwender rechtlicher oder technischer Regeln zu verzichten, der heute so oft als stur und formalistisch denunziert wird und der doch ... die Gleichheit der Gesetzesanwendung und damit die Gleichheit der Staatsbürger überhaupt gewährleistet". In der Tat: Je mehr sich der Beamte mit den Problemen seiner „Partei" beschäftigt, desto größer ist die Gefahr subjektiver Entscheidungen. Auch wenn dadurch einzelne bevorzugt werden, die anderen werden dadurch jedenfalls zurückgesetzt.

---

[1] Wissenschaftliche Entwicklung und technischer Fortschritt im Hinblick auf die öffentliche Verwaltung, in: Funktionsgerechte Verwaltung im Wandel der Industriegesellschaft, Schriftenreihe der Hochschule Speyer, 43, 1972. 31.

Die Grenzen der Freundlichkeit: Neben der Verwaltungsökonomie und der Gewährleistung der Gleichheit entfaltet das bürokratische Vorgehen auch einen Schutzschild gegenüber der Außenwelt. Bei allem Verständnis für die Nöte der Parteien muß der Beamte doch immer auch „Amtsperson" bleiben. Denn daraus leitet sich ja letztlich seine Autorität her. Je mehr ein Beamter in die privaten Probleme einer Partei eingeht, desto mehr wird er selbst zur „Privatperson". Er verliert seine Rolle als Autorität und wird zum „Freund". Anstelle des „Falles" treten persönliche Hoffnung, Wünsche oder Ängste. Das bedeutet aber zugleich, daß der Beamte für das private Schicksal mitverantwortlich gemacht wird. Er übernimmt damit Verantwortung, die ihm auf Grund seines Amtes nicht zusteht und die auch der Ausübung seines Amtes hinderlich ist.

Nimmt der Fall eine negative Richtung, so wird sie ihm persönlich zugerechnet. Der Beamte wird selbst zum Beteiligten eines Falles. Das zieht natürlich Weiterungen nach sich. Zu einem „freundlichen" Beamten kann man mit allen Problemen kommen. Man kann von ihm auch Hilfe erwarten dort, wo die Regel eine solche nicht vorsieht. All dies schmälert nicht nur die Gleichheit, sondern auch die Autorität. Und nicht selten muß sich ein solcher „freundlicher" Beamter den unterschwelligen Vorwurf anhören, warum er in einem konkreten Fall nicht helfen könne, wo er doch zu anderen so „freundlich" gewesen sei.

Nicht selten kommt es auch vor, daß dem „freundlichen" Beamten Geschenke gemacht werden. Dies auch oft ohne jegliche Hintergedanken. Denn einem Freund erweist man eben kleine Aufmerksamkeiten. Hier allerdings ist spätestens der Punkt erreicht, wo der Beamte, mag es ihm auch als Mensch schwerfallen, zurückhaltender, d. h. also formalistischer auftreten muß.

Absicherung über alles? Verachtet mir also die Regel nicht. Das bedeutet natürlich nicht, daß man den Formalisten besonders schätzen muß. Um klar zu sein: Formalist ist nicht der Beamte, der sich an die Gesetze hält, sondern vor allem der Beamte, dessen Hauptbestreben darin liegt, sich bei jedem Schritt nach allen Seiten abzusichern. Und dies meist doppelt. Der Erfolg von Bergsteigern wird nicht danach gemessen, wieviel Sicherheitshaken sie einschlagen, sondern danach, welchen Schwierigkeitsgrad sie meistern. Genau das erstere ist aber bei unserem Formalisten der Fall. Es geht ihm primär um die Sicherung, um die Absicherung, und nur sekundär um sachliche Lösungen. Dieser Typ des Formalisten muß immer zuerst „rückfragen", eine Weisung abwarten, klammert sich fest an die Verwaltungspraxis, auch wenn eine solche nicht erkennbar ist, und ist im übrigen froh, wenn er überhaupt keine Entscheidung fällen muß. Das gelingt ihm im übrigen nicht selten:

Denn er schiebt die Entscheidungen auf die lange Bank und wartet bis sie von dort hinunterfallen. Nicht zuletzt hat der der Verwaltung oft vorgeworfene „Papierkrieg" im Formalisten seinen Urheber.

Der Formalist tritt betont korrekt auf und vermeidet es peinlich, im Gespräch ein persönliches Klima aufkommen zu lassen. Von seinen Vorgesetzten wird er meist geachtet, aber nicht geschätzt. Wenngleich von ihm sachlich nichts besonderes zu erwarten ist, kann er doch Karriere machen, insbesonders dann, wenn seine formalistische Haltung mit dem Talent zur Intrige verbunden ist. Und das ist nicht selten der Fall. Gleichrangigen vermittelt er kein Gefühl der Kollegialität und wenn doch, dann meist, weil er damit einen bestimmten Zweck verfolgt. Fehler sind ihm kaum nachzuweisen, dafür ist ihm die Freude anzumerken, wenn andere bei „unregelhaftem" Handeln in Schwierigkeiten kommen. Den imaginären „Maria-Theresien-Orden für Beamte" zur Belohnung von „aus eigener Initiative unternommenen, erfolgreichen und ein Verwaltungsverfahren (Feldzug) wesentlich beeinflussenden Handlungen (Waffentaten), die ein Beamter (Offizier) von Ehre hätte ohne Tadel auch unterlassen können" wird er wohl nie erhalten, dafür aber wird er sich auch nie in ungeschütztes Gebiet begeben. Und das läßt er seine Kollegen deutlich merken.

Für die Untergebenen ist er meist nicht sehr angenehm. Denn irgendwoher muß ja auch der Formalist sein Selbstgefühl holen. Da ihm nur die Regel zur Verfügung steht, ist er daher besonders bei seinen Untergebenen auf die präziseste Einhaltung der Regel bedacht. Für ihn ist nicht ausschlaggebend, ob ein Untergebener eine richtige, sondern ob er eine regelhafte Entscheidung getroffen hat. Auf Grund seiner Pedanterie ist es ihm ein leichtes, bei den Untergebenen immer wieder Nachlässigkeiten festzustellen, und sich in der Rüge als Autorität darzustellen.

Für die Verwaltungsreform ist dieser Typus von Beamten keine Hilfe. Reform ist ihm in tiefster Seele zuwider. Sie zweifelt die Sinnhaftigkeit der bestehenden Regeln und damit seine eigene Existenz an. Wenn überhaupt, so äußert sich der Formalist zur Reform nur insofern, als er Ungereimtheiten im Fragebogen entdeckt.

Der subalterne Beamte

Den subalternen Beamten gibt es in allen Verwaltungsstufen. Er ist meist ein Verwandter des Formalisten. Er kommt in verschiedenen Schattierungen vor. So ist er einerseits sehr beflissen und hilfsbereit. Den Mangel an Fachkenntnissen kompensiert er oft durch die Darbietung von Hintergrundgeschichten. Im Gegensatz zum unzufriedenen

Beamten will er aber mit seinen Histörchen nicht Sachmängel aufdecken, sondern sich nur der Freundlichkeit seines Gesprächspartners versichern. Auch der Typus des „Aushorchers" paßt in dieses Bild. An ihn gerichtete Fragen werden meist mit einer Gegenfrage beantwortet. Äußert man eine Meinung, so kann man sicher sein, daß er sie sofort weitererzählt, eben deshalb, weil er sich als „Insider" überall beliebt machen will. Überhaupt: der subalterne Beamte ist besonders freundlich. Er weiß über viele private Angelegenheiten der Kollegen Bescheid, organisiert Betriebsausflüge und erzählt gute Witze. So grau er in der Amtszeit wirkt, so sehr blüht er in der Pause auf.

Wenn überhaupt, muß der Reformer diesen subalternen Beamten in der Pause sprechen, d. h. nach Dienstzeit im Café oder bei einem Glas Wein. Dort erfährt er dann amüsante Hintergrundgeschichten und wird — darauf kann er sich verlassen — selbst in solche verwickelt.

Der überforderte Beamte

„Routine entlastet" — man kann aber auch in Routine ersticken. Der überforderte Beamte kommt mit den Problemen des Verwaltungsalltags kaum zu Rande, er beherrscht nicht die Sache, sondern die Sache beherrscht ihn. Es gelingt ihm nicht, sinnvolle Prioritäten zu setzen, die Arbeit in Schwerpunkte zu gliedern oder selektiv vorzugehen. Delegation ist für ihn meist ein Fremdwort; er erledigt alles selbst, bzw. verzettelt sich in aufwendigen Kontrollen.

Moralisch kann man dem überforderten Beamten wenig vorwerfen. Oft sind seine Schwierigkeiten nur Ausdruck übergroßer Redlichkeit: Er will seinen Amtsbereich ständig überblicken, über alles im Bilde sein, kurz, seinen Pflichten lückenlos nachkommen. Leider aber sind seine Methoden dafür nur bedingt geeignet.

Für die Reformer stellt der überforderte Beamte kein großes Problem dar. Sein auf die Amtsroutine beschränkter Gesichtswinkel umfaßt kaum jemals übergeordnete Reformperspektiven. Sicher ist er nicht besonders „innovationsfreudig". Es fehlt ihm aber meist die Zeit, allgemeine Widerstände gegen die Reform zu formulieren. Hier vertraut er in angenehmer Selbstbescheidung dem „Wirken der Oberen", deren Maßnahmen er zu vollziehen, aber nicht zu kritisieren hat. Aus eben den genannten Gründen wird man aber auch auf eine Mitarbeit des überforderten Beamten bei der Reform selbst meist vergeblich hoffen.

Der unzufriedene Beamte

Dieser Beamtentypus ist schwierig. Er ist in zweifacher Weise zu kennzeichnen. Einmal kommt er mit seinen Vorgesetzten und Mitarbei-

2. Beamte und Reform

tern nicht besonders gut aus. Er steht daher in einer natürlichen Opposition zum Apparat. Zum anderen — und das hängt mit dem ersten Punkt zusammen — hält er die ihn umgebende Organisation für radikal reformbedürftig. Seine Reformvorstellungen enthalten dabei aber oft nur geringen Realitätsbezug. Dem Reformer ist natürlich wenig geholfen, wenn man ihm sagt, daß die gesamte Organisation total zerrüttet ist. Meist verbindet sich dieses Urteil noch mit tiefem Pessimismus: Er weiß schon im vorhinein, daß auch eine Reform an den bestehenden Zuständen nichts ändern würde.

Fraglich ist, woher die Haltung des unzufriedenen Beamten kommt. Sie kann einmal daher rühren, daß er eben nicht „ankommt" und die Gründe dafür nicht in sich, sondern in seiner Umwelt sucht. Sie kann aber auch daher rühren, daß der Apparat tatsächlich in große Unordnung geraten ist. Wird dieser Zustand aufgezeigt, so verletzt der Beamte damit zugleich die Regeln der Kollegialität und wird zum Teil in eine Michael-Kohlhas-Rolle gedrängt. Denn nichts verdaut ein Apparat so schwer, als Angriffe von innen.

Gleichwohl erfährt man vom unzufriedenen Beamten interessante Details über den Apparat. So gewinnt man insbesondere einen Eindruck von den personellen Interessenlagen, personellen Verfilzungen und Machtkämpfen im Apparat. Der subjektive Gehalt von Erneuerungsvorschlägen, die an die Reformer herangetragen werden, wird oftmals erst dadurch sichtbar. Man erfährt, daß eine Verwaltungsaufgabe auf einmal deshalb so besonders wichtig und ausbaubedürftig ist, weil damit ein neuer Machtbereich geschaffen werden soll. Es ist ja bekannt, daß die Verwaltungspyramide oftmals von der „Spitze" her organisiert wird. Jemand möchte Vorgesetzter sein und braucht dazu unterstellte „Schreibtische". Den Bedarf an diesen muß er natürlich „objektiv" nachweisen, was angesichts der Vielfalt an Aufgaben der Verwaltung nicht schwer fällt. Sind die „Schreibtische" da, so ist auch eine neue Spitze „objektiv" notwendig.

Die Gespräche mit unzufriedenen Beamten sind zwar meist aufschlußreich, oft aber auch mühsam. Er muß jedenfalls einmal zuerst für die Reform motiviert werden, was angesichts seiner grundsätzlichen Skepsis nicht immer ganz leicht fällt. Ist dies gelungen, sprudeln die Mängelrügen aber frisch aus ihm heraus. Kein Wunder: Der unzufriedene Beamte wendet ja einen großen Teil seiner Fähigkeiten für die Kritik am bestehenden Apparat auf. Was ihm fehlt, ist oft nur ein Gesprächspartner, der ihm vor allem zuhört. In den Reformern hat er ihn.

Der Intrigant

Die organisationstheoretische Bedeutung der Intrige: Organisationen sind nicht Selbstzweck. Sie werden geschaffen, um damit bestimmte

Ziele (besser) zu erreichen. Durch ihre Ziele grenzt sich eine Organisation von anderen Organisationen und von der Umwelt allgemein ab. Darüberhinaus bestimmen die Organisationsziele die Funktionen einer Organisation. Nur eine Organisation, die ihre Ziele erreicht, „funktioniert". Zielgerichtetes Handeln im Rahmen einer Organisation ist daher auch zugleich funktionales Handeln; dysfunktionales Handeln hingegen widerstreitet den Organisationszielen.

Bei der Beschreibung der Organisationsrealität darf man sich nicht nur auf jenes Handeln beschränken, das zielgerichtet und insofern „legitim" ist. Die Organisation ist verschwenderisch. Sie wendet ihre Energie nur zum Teil für funktionales Handeln auf, zum Teil wird diese Energie verbraucht, um das Innenleben der Organisation aufrecht zu erhalten. Eine Organisation gleicht insofern einer Glühlampe, die ja auch nur 10 % ihrer Energie zur Erzeugung von Licht verwendet, 90 % hingegen als Wärme ausscheidet. Es ist zwar zu hoffen, daß der Energieverbrauch einer Organisation prozentual anders verteilt ist, daß also für funktionales Handeln mehr Energie verbraucht wird als für die Aufrechterhaltung des „Innenlebens" der Organisation. Fest steht allerdings, daß nicht alle Beziehungen der Mitglieder im Rahmen einer Organisation sich ausschließlich auf die formale Zielerreichung beschränken, sondern daß darüberhinaus eine Fülle von Relationen bestehen, die vom Standpunkt der Zielerreichung als leistungsmindernde Umwege verstanden werden müssen.

Das Maß an persönlichen Kontakten zwischen den Mitgliedern der Organisation, das nicht auf die Erreichung der Organisationsziele ausgerichtet ist, entscheidet zugleich über die Reibungsverluste einer Organisation. Man kann sich nun zwar in der Theorie darauf beschränken, ausschließlich den funktionalen Prozeß von Arbeitsteilung und Koordinierung zu beschreiben und erhält sodann ein ebenso theoretisches Bild vom Funktionieren einer Organisation. Für die Beschreibung einer Organisationsrealität sind aber die Prozesse, die zu den Reibungsverlusten führen, nicht minder wichtig. Ein wesentlicher Bestandteil dieses „Innenlebens" der Organisation bildet die Intrige. Trotz ihrer großen praktischen Bedeutung ist sie bis heute kaum erforscht.

Zur Definition der Intrige: In einem ersten Definitionsversuch kann die Intrige als nicht-funktionales Organisationshandeln beschrieben werden, das die Funktion der Organisation maßgeblich beeinflußt. Versucht man den Begriff der Intrige inhaltlich zu fassen, so muß das negative Moment hervorgekehrt werden. Ziel der Intrige ist es, Mitgliedern im Rahmen einer Organisation Schaden zuzufügen. Meist verbindet sich mit dieser Schadenszufügung der Versuch, die eigene Position im Rahmen der Organisation zu verbessern.

2. Beamte und Reform

Das wesentliche, was die Intrige von anderen ähnlichen Verhaltensweisen im allgemeinen mitmenschlichen Bereich unterscheidet, ist, daß sie sich definitionsgemäß nur im Rahmen von Organisationen verwirklichen kann. Die Intrige ist das organisierte Böse. Die Intrige wirkt nicht direkt, sondern über den Umweg der Organisation. Je weiter der Intrigant von seinem Opfer entfernt ist, desto perfekter ist die Intrige. Der Intrigant versteckt sich hinter den Strukturen der Organisation und schüttet sein Gift gezielt in jene Prozeßkanäle, die zu seinem Opfer hinführen.

Der erfolgreiche Intrigant und sein Opfer: Das Talent zur Intrige ist nicht jedermann beschieden. Der Intrigant muß nämlich zweierlei Fähigkeiten in sich vereinigen: Er muß ein Gefühl für die Anfälligkeit seines Opfers haben und zudem muß er die Regeln der Organisation souverän beherrschen. Die Intrige erfordert also neben persönlichen Voraussetzungen auch Sachkenntnisse. Was die persönliche Seite der Intrige betrifft, so muß der Intrigant vor allem warten können. Die Intrige ist keine Sache des spontanen Gemüts, sondern eine Sache der Taktik.

Voraussetzung für die Intrige ist eine Konstellation, in der sich das Opfer eine Blöße gibt. Dies ist vor allem dann der Fall, wenn sich das Opfer außerhalb der Spielregeln der Organisation begibt. Wer die formalen Rollen einer Organisation nicht einhält, ist der Intrige mehr oder weniger schutzlos ausgesetzt. Die Aufgabe des Intriganten besteht vor allem darin, das „Unregelhafte" des Opfers sichtbar zu machen. Am leichtesten gelingt dies natürlich dann, wenn das Opfer bei der Verletzung einer Vorschrift ertappt werden kann. Insofern stehen sich der Intrigant und der Formalist diametral gegenüber. Der eine muß warten bis sich der andere aus seiner Deckung hervorwagt. Das kann unter Umständen zu einem lang andauernden Stellungskrieg führen, der die Dynamik einer Organisation nicht gerade fördert.

Gelingt es dem Intriganten nicht, den Schutzschild der Regel und der Verwaltungspraxis zu durchlöchern, so muß er zumindest versuchen, das Opfer in seinen persönlichen Beziehungen zu den Kollegen zu isolieren. Wenn es dem Intriganten gelingt, nachzuweisen, daß sein Opfer anders als die anderen ist, hat er schon halb gewonnen. Eine Organisation akzeptiert Feinde nämlich nur, wenn sie von außen kommen. Ja, jede Organisation braucht sogar solche Feinde, weil erst damit ihr Eigenwert deutlich wird. Feinde im inneren, und das sind alle, die sich nicht nach dem stillschweigenden Verhaltenskodex richten, werden mitleidlos bekämpft. Werden Feinde von außen immerhin als Soldaten behandelt, so haftet den Feinden im inneren der Geruch von Spionen an.

Anlässe zum Verlust der Organisationssolidarität liegen nicht nur im dienstlichen Verkehr, sondern oft noch mehr im privaten Verhalten.

Das gemeinsame Bier zum Feierabend, der Betriebsausflug, die Weihnachtsfeier, die Betriebssportorganisation, all das sind Gelegenheiten, bei denen das gemeinsame Band der Kollegialität entweder fester geknüpft oder gelockert werden kann. Dazu kommen noch gleichgerichtete Verhaltensweisen und Ansichten, an denen man ebenfalls erkennen kann, „ob er einer der unseren ist". Auch diese Verhaltensweisen reichen vom Beruflichen ins Private hinaus. Nichts bindet mehr als die gemeinsame Abneigung gegenüber einem Chef. Nichts beruhigt mehr, wenn auch der andere vom Dienst frustriert ist. Aber auch im privaten Bereich wird eine gewisse Homogenität erwartet. Der Referatsleiter, der in der Freizeit reitet, Tennis spielt, regelmäßig ins Theater geht und einen nicht dienstlich vorgeschriebenen Fortbildungskurs besucht, wird bei seinem kegelschiebenden Amtskollegen nur auf wenig Verständnis stoßen. Er kommt in den Geruch, etwas besseres sein zu wollen und kann sicher sein, daß dienstliche Schwierigkeiten mit Schadenfreude quittiert werden.

Die Taktik des Intriganten: Dieses Klima ist zugleich das Operationsfeld des Intriganten. Sein Ziel ist die Isolierung des Opfers. Seine Taktik besteht in Gerüchten, Andeutungen, „witzigen" Übertreibungen und kleinen Indiskretionen. Hiebei muß der Intrigant natürlich behutsam vorgehen. Er muß sich immer den Rückzug offen halten. Denn eine Intrige, die nicht zum Ziel führt, fällt dem Intriganten selbst auf den Kopf. Es gibt nichts Traurigeres als den entlarvten Intriganten. Er hat ein für allemal in der Organisation ausgespielt.

Solange der Intrigant nicht eine absolute Machtposition erklommen hat, ist er auf seine Kollegen angewiesen. Hiebei ist natürlich besonders in größeren Verwaltungsapparaten die Kollegschaft in Schichten aufgeteilt. Steht der Intrigant im Apparat auf einer mittleren Ebene, so schadet es nicht, wenn ihn die Basis ablehnt. Unklug wäre es allerdings von ihm, es sich mit seinem Vorgesetzten zu verscherzen. Denn er will ja selbst einmal Vorgesetzter werden.

Der Abschuß: Hat der Intrigant die Stellung seines Opfers durch ständige Wühlarbeit untergraben, muß er noch einen „stilgerechten" Abschußplan aufstellen. Nur besonders aggressive oder plumpe Intriganten treiben ihr Opfer zur Einreichung des Entlassungsgesuches oder in ein Disziplinarverfahren. Denn die damit verbundenen Turbulenzen im Apparat könnten ja auch den Intriganten selbst erschüttern. Wie schon gesagt, der ist der beste Intrigant, der mit seinem Opfer überhaupt nicht in Verbindung gebracht wird. Der Abschuß muß daher subtiler sein. Und gerade hier zeigt sich, ob der Intrigant die Regeln der Organisation beherrscht. Das Opfer ist dann „weidgerecht" erlegt, wenn die ausschlaggebenden persönlichen Aversionen überhaupt nicht zutage treten. Im Gegenteil: Der Fall, die Zurücksetzung, muß sachlich begründet werden können.

Gerade in der Form, in der das Opfer zum „Verlierer" gestempelt wird, zeigt sich, ob der Intrigant sein Handwerk beherrscht. Die Möglichkeiten sind apparat- und situationsbedingt. Es wird eine neue Dienststelle geschaffen, in der das Opfer eingegliedert wird. Kompetenzen werden so umgeschichtet, daß das Opfer seinen Einfluß und damit aber auch meist seine Aufstiegsmöglichkeiten verliert. Ein Dienstposten, den das Opfer normalerweise erreichen müßte, wird plötzlich ausgeschrieben. Die Ausschreibungsbedingungen sind — natürlich aus sachlichen Gründen — genau so gehalten, daß sich das Opfer nicht qualifizieren kann. Entweder fehlt es ihm an der notwendigen Ausbildung oder an der erwünschten Praxis. Ein Blick in die Personalakten genügt hier für die Weichenstellung. Auch unter dem Titel der Sparsamkeit der Verwaltung kann man dem Opfer manchen Streich spielen.

Die Einsamkeit des Intriganten: Es ist klar, daß die Handhabung all dieser Abschußtaktiken, auch eine gewisse Machtposition erfordert. Gerade deshalb sind ja auch die Personalabteilungen und die Organisationsabteilungen, seien es Stabsabteilungen, Ministerbüros, Kabinettchefs, sonstige „Berater" etc. im Rahmen des Apparates meist besonders respektiert, um nicht zu sagen gefürchtet, aber nicht besonders beliebt. Diese Dienststellen haben besonders intime Personalkenntnisse und/oder verfügen über einen ungehinderten Zutritt zur politischen Führungsspitze. Der Intrigant wird sich daher bemühen, in eine solche Stellung zu gelangen oder zumindest gute Kontakte mit ihr aufrecht zu erhalten.

Die Intrige ist die Domäne der intellektuellen Hyänen. Sie fordert Selbstbeherrschung und Zurückhaltung. Die wahren Triumphe muß der Intrigant alleine feiern. Vielleicht ist er gerade deswegen oft von routinemäßiger Freundlichkeit und übertrieben zur Schau getragener Hilfsbereitschaft.

Der Intrigant als Polizist der Organisation: Die Intrige mag zwar negativ zu beurteilen sein, im Rahmen der Organisation kommt ihr aber auch eine positive Funktion zu. Sie stellt eine permanente Drohung gegenüber Abweichungen vom vorgeschriebenen Organisationslauf dar. Ihre Bedeutung liegt darin, daß sie als Sanktion schon weitaus früher zum Einsatz kommen kann, als die formalen Sanktionsmittel der Organisation. Sie stellt die Rute im Fenster dar, die übermütige Spontaneität der Kollegen verhindert. Insofern trägt die Intrige in subtiler Weise zur Stabilisierung der Organisation bei. Sie garantiert die „Aufrechterhaltung von Ruhe, Ordnung und Sicherheit".

Das Gegenteil der Intrige ist die Kameraderie. Die Intrige verletzt, die Kameraderie vertuscht. Beides sind natürlich sehr aufwendige Mittel zur Aufrechterhaltung eines geordneten Organisationslebens. Nicht zuletzt liegen gerade in diesen beiden Techniken die Gründe für die großen Reibungsverluste von Organisationen.

IV. Verwaltung im Grundriß

1. Verwaltungsmaximen in Theorie und Praxis

Bisher wurde geschildert, wie der Reformer gehen soll und welche Menschen er auf seinem Weg antrifft. Wenn auch eine Spruchweisheit besagt, daß der am weitesten kommt, der nicht weiß, wohin die Reise geht, empfiehlt es sich bei einer Verwaltungsreform doch, bestimmte Wegweiser im Auge zu behalten. Unter Wegweiser sind hier jene sachlichen Gesichtspunkte zu verstehen, nach denen eine Reform ausgerichtet sein soll. Angesichts der umfangreichen Organisationsliteratur sollte man meinen, daß solche Wegweiser nicht schwer auszumachen sein sollten.

Mit den wissenschaftlichen Anregungen zur optimalen Gestaltung einer Organisation verhält es sich aber oft wie mit einer Fata Morgana: Je mehr man sich der Realität des Apparates nähert, desto mehr lösen sie sich in Schemen auf. Was in den Büchern oft so klar und einsichtig wirkt, wird in der Umsetzung auf die Praxis immer problematischer.

Das ist an sich nichts Neues. Herbert A. Simon, einer der bedeutendsten amerikanischen Verwaltungstheoretiker, hat auf die „fatale Schwäche" der geläufigen Verwaltungsmaximen hingewiesen. „Zu fast jedem Prinzip läßt sich ein in sich ebenso verständliches und annehmbares kontradiktorisches Prinzip finden. Das eine führt jeweils zu einer Empfehlung für die Gestaltung der Verwaltungsorganisation, die der Empfehlung nach dem anderen genau entgegengesetzt ist. Und nichts in der herrschenden Lehre gibt uns Aufschluß darüber, welches der beiden denn nun richtigerweise angewandt werden soll[1]." Simon belegt dies auch anhand einiger üblicher Maximen, wie Spezialisierung, Einheit des Befehls, Verringerung der Kontrollspanne etc., die alle — zumindest theoretisch — die Leistungsstärke der Verwaltung heben sollen, in der Praxis jedoch „trügerisch" und zum Teil auch miteinander unvereinbar sind.

Bei einer Verwaltungsreform wird die vordergründige Logik organisatorischer Gestaltungsprinzipien besonders deutlich. Denn die Berufung auf sie und den damit verbundenen Verbesserungen bildet ja zu einem Gutteil die Legitimation zur Reform. Die Schwäche der theoretischen Faustregeln bleibt natürlich verborgen, solange sich eine

---
[1] Das Verwaltungshandeln, 1955, S. 15.

Verwaltungsreform nur in einem neuen Memorandum niederschlagen soll. Sie stellt sich aber dann heraus, wenn eine Reform dazu führen soll, daß der Referent Maier seine Akten schneller erledigt.

Mit diesen Bemerkungen soll natürlich nicht der Wert theoretischer Ansatzpunkte für eine praktische Verwaltungsreform in Frage gestellt werden. Selbstverständlich kann eine Reform auf vorangestellte allgemeine, d. h. also theoretische Gestaltungsprinzipien nicht verzichten. Um Enttäuschungen zu vermeiden, sollte man sich aber von vornherein bewußt sein, daß die Arbeit nicht in der Auswahl der Prinzipien, sondern in ihrer Anpassung an die Verwaltungsrealität besteht. Wie dies geschehen soll, läßt sich abstrakt nicht beschreiben, will man Allgemeinplätze wie „sinnvoll" oder „sachgerecht" vermeiden. Sohin bleibt nur übrig, auch hier auf die Bedeutung des Reformweges hinzuweisen, der letztlich darüber entscheidet, ob Konzepte und Maximen zum Nutzen des Apparates „brauchbar" werden.

2. Der Bauplan der Reform

Wer ein Haus baut, nimmt sich am besten einen Baumeister oder Architekten, der ihm einen detaillierten Plan erstellt, mit den Handwerkern verhandelt und die Wege zu den Behörden abnimmt. Politiker, die eine Verwaltung neu gestalten wollen, nehmen sich Reformer. Auch sie müssen einen Plan erstellen und mit den Beamten zurecht kommen. Wie das letztere geschieht, wurde in den beiden vorherigen Kapiteln geschildert. Im folgenden geht es um den Bauplan der Reform.

Das Raumprogramm

Jeder Baumeister wird zunächst einen Grundriß des Hauses zeichnen. Hier soll entsprechend den funktionellen Erfordernissen die räumliche Gliederung abgesteckt werden. Genauso ist es bei der Verwaltungsreform: Auch hier muß man sich bemühen, die einzelnen Aufgaben der Verwaltung einzelnen Dienststellen zuzuordnen. Die Zuordnung soll „sachgerecht", „aufgabengerecht", „funktionsgerecht" oder sonst irgendwie sinnvoll sein. So leicht sich dieses Ziel angeben läßt, so schwierig ist es in der Praxis zu verwirklichen. Die Frage nach der „sachgerechten Kompetenz" und damit nach dem Grundriß der Verwaltung, wird uns also noch näher zu beschäftigen haben.

Die Anordnung der Wohnungen

Ist der Grundriß im wesentlichen akzeptiert, folgt als nächster Schritt die zweckmäßige Anordnung der Wohnungen. Soll, vereinfacht, das

2. Der Bauplan der Reform

Haus einzelne große, repräsentative Herrschaftswohnungen beinhalten und — womöglich auf der Schattenseite — noch Platz für die Diensträume aufsparen, oder soll das Haus eine Fülle von Appartements mit möglichst gleicher Lebensqualität, um ein modernes Schlagwort zu zitieren, aufweisen?

Auch diese Frage ist grundsätzlich bei der Neugestaltung des Apparates zu entscheiden. Dem ersteren Haustyp entspricht — überspitzt formuliert — der hierarchische Aufbau der Verwaltung. Hier wird die Verantwortung auf einzelne Führungsetagen konzentriert und deren Inhabern zugleich ein „schöneres Leben" garantiert. Demgegenüber steht der „demokratische" Baustil, dem — verwaltungsmäßig gesehen — eine gleichmäßigere Verteilung von Aufgaben, Verantwortung und Prestige entspricht.

Was es mit diesen beiden Organisationsformen auf sich hat und welche von beiden zweckmäßigerweise bei der Reform einer Verwaltung verwirklicht werden soll, ist gegenwärtig heftig umstritten. Während die Theorie sich fast ausschließlich für die delegative Aufgabenordnung entschieden hat, bevorzugt die Verwaltung selbst noch weithin die repräsentativen Herrschaftswohnungen. Bemerkt sei hier nur, daß beide Wohnformen etwas für sich haben. Das macht ein Vergleich zwischen den Gründerhäusern der Ringstraße und den Wohnblocks in den Außenbezirken deutlich.

Der Einzug der Bewohner

Ist das Haus fertiggestellt, können die Bewohner einziehen. Hier nun freilich geht die Funktion des Reformers über die Funktion des Architekten hinaus. Genügen für den Bezug einer Wohnung meistens Geld und/oder Beziehungen, so sollen die Beamten jeweils in jene Räume des Verwaltungsgebäudes einziehen, die ihren Fähigkeiten und Leistungen angemessen sind. Um dies mit einiger Objektivität feststellen zu können, müssen die Reformer angeben, was von den Bewohnern der einzelnen Räume an Arbeit erwartet wird. Dazu dienen die Stellenbeschreibung und die Stellenbewertung. Weil in Österreich solche objektive Maßstäbe der Stellenbesetzung nur in den seltensten Fällen angewendet werden, soll es vorkommen, daß in den einzelnen Wohnungen zu viele Beamte sitzen oder daß manche Beamte in Räumen sind, deren Ausgestaltung und Wohnwert nicht ihren Leistungen entspricht.

Die Hausordnung

Sind die Bewohner im Haus untergebracht, werden sie zu Nachbarn. Es ist nur menschlich, daß die Besitzer von Herrschaftswohnungen die

Bewohner kleiner Dienstwohnungen meist „von oben herab" behandeln. Die Anordnung der Wohnungen hat eben auch Auswirkungen auf die sozialen Beziehungen ihrer Inhaber. „Schöneres Wohnen" verpflichtet auch in der Verwaltung. Die Spitzen der Hierarchie bevorzugen einen, allerdings oft verschleierten, direktiven Führungsstil. Hingegen steigt die Bereitschaft zur Kollegialität, wenn die Aufgaben auf die einzelnen Verwaltungsetagen gleichmäßiger verteilt sind.

Auf den Führungsstil nehmen die Reformer, abgesehen von ihrer grundsätzlichen Entscheidung für eine bestimmte Organisationsstruktur, vor allem dadurch Einfluß, daß sie, wie bei einer Hausordnung, in einer Geschäftsordnung die Beziehungen der einzelnen Verwaltungsmitglieder untereinander verfahrensmäßig regeln. Bei einer kollegialen Führung ist die Erstellung einer solchen Hausordnung wesentlich schwieriger als bei der direktiven Führung. Denn hier genügt im wesentlichen die Weisung, dort müssen für jede Verwaltungsstufe spezifische Führungsmittel geschaffen werden, die einerseits der darunterliegenden Stufe genügend Entscheidungsspielraum lassen, andererseits aber doch gewährleisten, daß die Beamten am gleichen Strang ziehen.

3. Die „sachgerechte" Kompetenz

Die Arbeit einer Organisation beruht auf Arbeitsteilung. Je mehr Aufgaben eine Organisation wahrzunehmen hat, desto größer ist die organisatorische Untergliederung, oder in der Sprache der Systemtheorie, die „Innendifferenzierung". Die einer Stelle der Organisation übertragenen Aufgaben machen ihre Kompetenz aus. Organisatorisch drückt sich also das arbeitsteilige Verwaltungshandeln in der Kompetenzverteilung aus. Je besser die Kompetenzen verteilt sind, desto besser klappt die Arbeitsteilung, desto besser funktioniert die Organisation. Daher bemüht sich jede Reform, die Kompetenzen noch „besser" zu verteilen.

Leider ist die Frage nach der Gestalt eines optimalen Kompetenzkataloges durchaus offen. Sicher, in großen Zügen, stehen die voneinander abgegrenzten Verwaltungskompetenzen außer Streit. Daß die großen Verwaltungsaufgaben, wie Landwirtschaft, Forstwesen, Soziales, Energie, Schulen, Handel, Industrie etc., auch eigene Kompetenzblöcke bilden, ist eine triviale Feststellung, die für die „bessere" Kompetenzverteilung nichts bringt. Denn hier geht es ums Detail, z. B. darum, ob die handwerkliche Berufsausbildung dem Wirtschaftsressort zuzuordnen ist oder im allgemeinen Schulwesen aufgehen soll. Ob die Verwaltung der psychiatrischen Krankenhäuser beim Gesundheits- oder Sozialwesen anzusiedeln ist. Ob die Dienstwagen zentral oder von den einzelnen Ämtern selbst zu verwalten sind. All diese Fragen mögen auf den ersten Blick banal wirken. Aber gerade in ihrer Lösung besteht die Verwaltungsreform.

Was heißt „sachgerecht"?

Wie sollen die Kompetenzen nun geordnet sein? Sie sollen „sachgerecht" geordnet sein. Daß sie klar abgegrenzt und überschaubar sein und Doppelgleisigkeit vermieden werden sollen, ist ohnehin klar. Was heißt aber „sachgerecht"? Darauf gibt es viele und daher keine bestimmte Antwort. Denn die Natur der Sache ist eben schweigsam. Ihre „Gerechtigkeit" ist eine Forderung, aber kein Maßstab.

Wenn Begriffe nichts aussagen, muß man von der Realität ausgehen. Man wird bei einer konkreten Organisation also fragen, warum sie so funktioniert und ob sie anders nicht besser funktionieren könnte. Man analysiert die bestehenden Kompetenzen, gruppiert sie um, versucht die Nachteile der Neuverteilung zu finden und auszumerzen und tastet sich so zu einer befriedigenden Lösung vor. Was dabei herauskommt, ist — hoffentlich — die „sachgerechte" Kompetenz.

Hat man diesen Weg beschritten, löst sich der Begriff der „sachgerechten" Kompetenz in eine Reihe von Fragen auf:

— Soll die „sachgerechte" Kompetenz lebensgerecht, aufgabengerecht oder funktionsgerecht sein?
— Inwieweit wird die „sachgerechte" Kompetenz auch durch personalpolitische Überlegungen beeinflußt?
— Gibt es ein optimales Gleichgewicht von Kompetenzen?
— Wo liegen die Grenzen von Zentralisation oder Konzentration eines Apparates?
— Wann ist es „sachgerecht", bestimmte Aufgaben als selbständige Kompetenz zu organisieren, wann sollen sie als „Anhängsel" anderen Hauptkompetenzen zugeordnet werden?

Dies sind nur ein paar Gesichtspunkte, die der Blick ins Organisationsleben zutage fördert. Sie alle sind zwar unter dem Deckmantel der „sachgerechten" Kompetenz vereint, dennoch führt jeder von ihnen zu einer anderen Lösung. Jeder dieser Gesichtspunkte beansprucht das Prädikat „sachgerecht" für sich allein und hat daher zwangsläufig die anderen zum Feind. Was letztlich „richtig" ist, läßt sich erst einigermaßen feststellen, wenn die Organisation arbeitet. Aus Fehlern wird man klug — wer Kompetenzen „sachgerecht" verteilt hat, kann diesen Satz nur bestätigen.

IV. Verwaltung und Grundriß

Die lebensgerechte Kompetenz

Wann ist eine Kompetenz lebensgerecht? Im wesentlichen dann, wenn sie ein Spiegelbild der tatsächlichen Zusammenhänge der einzelnen verwalteten Sachbereiche darstellt, wenn sie also dem „Leben abgepaust ist". Die organisatorische Gliederung der Verwaltung in einzelne Ämter folgt grundsätzlich diesem Prinzip. Schwierig wird die Sache dann, wenn ein Lebensbereich zu anderen, gleiche Beziehungen hat. Das ist in den Problembereichen der Verwaltung meist der Fall. Soll z. B. ein Beratungsdienst für die Landwirtschaft bei der Schulverwaltung oder bei jener Stelle aufgezogen werden, die sich mit der Subventionsvergabe zu befassen hat? Fürs erstere spricht, daß die Lehrer an Landwirtschaftsschulen nicht nur fachlich dazu geeignet sind, sondern auch im ständigen Kontakt mit der Bevölkerung stehen und daher jenes Vertrauen besitzen, das für eine Beratung notwendig ist. Für die zweite Variante spricht der Umstand, daß eine Beratung umso eher akzeptiert wird, als für den einzelnen Aussicht besteht, im Zuge der Beratung auch in den Genuß einer Subvention zu kommen. Geld ist eben meist das beste Beratungs- und Überzeugungsmittel. Was wiegt hier mehr: Das Naheverhältnis der Schulverwaltung oder das Erfordernis einer zentralen Subventionsstelle?

Die Lösung dieses Problems kann auf mehreren Wegen erfolgen: Man kann entweder die Schulverwaltung oder die Förderungsverwaltung mit der Beratung betrauen und sie verpflichten, sich jeweils mit der anderen Stelle zu koordinieren. Leider klappt die Koordinierung meist nur mangelhaft. Läßt sich dies nicht beheben, wird man sich dazu entschließen, der landwirtschaftlichen Schulverwaltung auch eine beschränkte Förderungsbefugnis zu übertragen, mit der sie ihrem Beratungsservice mehr Nachdruck verschaffen kann. Der dadurch bewirkte Vorteil wird freilich nur um den Preis einer gewissen Doppelgleisigkeit bei der Förderungsverwaltung erkauft.

Ein anderes Beispiel: Soll die Lawinenverbauung im Rahmen der Wildbachverbauung durchgeführt oder durch die Forstverwaltung besorgt werden. Fürs erstere spricht, daß Schnee nur eine besondere Form von Wasser ist, fürs letztere, daß der Lawinenschutz weitgehend auch vom Baumbestand abhängt. Es hat wohl keinen Sinn, wenn die Forstleute zunächst einen Kahlschlag bewilligen und die dadurch entstandene Lawinengefahr im nachhinein von der Wildbachverbauung gebannt werden muß. Andererseits sind die technischen Erfordernisse für die Wildbachverbauung und den Lawinenschutz weitgehend gleich. Daraus wäre wiederum zu schließen, daß letztere in die Kompetenz der Wildbachverbauung zu fallen hätte, weil diese eben schon den technischen Apparat benützt.

Ein weiteres Beipiel: Soll ein chemisches Laboratorium, das sich gleichermaßen mit Lebensmittelproben und mit Wassergüteuntersuchungen zu befassen hat, zum Umweltschutzamt oder zum Gesundheitsamt ressortieren?

Ein letztes Beispiel: Soll die Baulandbeschaffung dem Raumordnungsamt oder der Wohnbauförderung angegliedert werden? Soll sie also nach Zielen oder nach Bedürfnissen organisiert werden?

In allen diesen Fällen zeigt sich, daß die mehrfache Verknüpfung von Lebenssachverhalten auch mehrfache Organisationsmöglichkeiten eröffnet. Lebensgerechte Kompetenzen kann es daher schon deshalb nur in Grenzen geben, weil das komplexe Gewebe an Fakten „wegorganisiert" werden muß, soll es nicht zu einem vielgleisigen Kompetenzbrei kommen. Kompetenz ist eben, im Interesse verwaltungsmäßiger Entscheidungsfähigkeit, reduzierte Realität. Ihre „Lebensgerechtigkeit" endet dort, wo andere Gesichtspunkte des rationalen Entscheidens in den Vordergrund treten.

Die funktionsgerechte Kompetenz

Damit ist zugleich eine andere „sachgerechte" Maxime der Kompetenzgliederung angesprochen, ihre Funktionsgerechtigkeit. Aus den Funktionen der Verwaltung und den damit verbundenen administrativen Anforderungen ergeben sich ebenfalls Kriterien für die Zusammenfassung von Kompetenzen. Wo liegt nun der Unterschied zwischen einer funktionsgerechten und einer lebensgerechten Kompetenz? Ein Beispiel dafür wurde schon bei der Beschreibung der Problematik des Einbaus des landwirtschaftlichen Beratungsdienstes angeführt. Es ist sicher funktionsgerecht, jenem Organ, das beratet, auch zugleich die Förderungsmittel in die Hand zu geben. Denn Förderung ist eben nichts anderes als die Fortsetzung der Beratung mit anderen Mitteln.

Funktionsgerecht ist auch eine Kompetenzverteilung, die vorsieht, daß die Kontrolle importierter Pflanzen an der Staatsgrenze der Viehimportkontrolle übertragen wird. „Lebensgerecht" ist das — Vieh und Pflanzen — sicher nicht. Dafür aber funktionell richtig, weil durch diese Regelung eine Grenzkontrollstelle eingespart werden kann.

Funktionsgerecht ist es auch, das Seilbahnwesen mit dem Skipistenwesen, beides wiederum mit der Fremdenverkehrsverwaltung und — noch weiter — mit dem Transportwesen in eine enge kompetenzmäßige Verbindung zu bringen. Nicht, weil die Sachbereiche so eng verzahnt sind, sondern weil alle genannten Angelegenheiten einen Entscheidungs- und Gestaltungsverbund der Verwaltung markieren. Man kann natürlich auch die funktionsgerechte Kompetenzgestaltung zu weit treiben. Dies wäre — um beim vorigen Beispiel zu bleiben — dann etwa der Fall, wenn der genannte Komplex mit der Raumordnung gekoppelt würde. Sicher, Seilbahnen haben ohne Skipisten keinen Sinn, beide müssen durch ein Fremdenverkehrskonzept und Verkehrskonzept getragen werden. Und letztlich müßten diese in einem allgemeinen Infrastrukturplan eingebettet sein.

Koordination läßt sich aber nur zum Teil durch kompetenzmäßige Zusammenführung bewirken. Eine funktionsgerechte Kompetenz erreicht dort ihre Grenze, wo die in ihrem Sinn zusammengeführten Materien ebenso starke oder stärkere funktionale Bezüge zu anderen umfassenden Verwaltungsaufgaben aufweisen. Ob dies beim letzten Beispiel schon beim Transportwesen der Fall ist, ist fraglich. Jedenfalls wird aber die Kompetenzarrdonierung von Skipisten, Fremdenverkehr und Transport durch die Raumordnung gesprengt. Sie ist daher auch nicht mehr „sachgerecht".

Die Funktionsgerechtigkeit als Maßstab der „sachgerechten" Kompetenz steht zur lebensgerechten Kompetenz in zweifacher Beziehung: Sie ist dort eine Entscheidungshilfe, wo für die kompetenzmäßige Ordnung eines Aufgabenbereiches mehrere Lösungen denkbar sind. Hier wird mit der Berufung auf die Funktionalität die Entscheidung erleichtert. Die Funktionsgerechtigkeit kompliziert die Entscheidung hingegen dort, wo sie sachlich verknüpfte Bereiche in ein davon abweichendes Ordnungskonzept drängt. Sowohl die „Lebensgerechtigkeit" wie auch die „Funktionsgerechtigkeit" sind aber wesentliche Kriterien bei der Schaffung „sachgerechter" Kompetenzen.

„Sachgerechtigkeit" und personalpolitische Überlegungen

So manche Verwaltung hat eine funktionsgerechte Kompetenzaufteilung und funktioniert trotzdem nicht. Woran liegt das? Wohl daran, daß die Verwaltung eine Organisation von Menschen ist und insofern nicht nur nach sachlichen Gesichtspunkten ausgerichtet sein kann. Jeder Verwaltungspraktiker weiß, daß die persönlichen Reibungsverluste die sachlichen Hemmnisse oft übersteigen. Auch Selbstachtung, Leistungswille und Eigenverantwortung sind, vom Standpunkt des Organisationsfriedens aus gesehen, „innenpolitische" Faktoren, die schon bei der Kompetenzgestaltung berücksichtigt werden müssen. Im Begriff der „Sachgerechtigkeit" ist daher auch dieser Kompromiß eingeschlossen. Das soll an einem Beispiel näher erläutert werden.

Als beliebte Mittel für die Steigerung der Leistungsfähigkeit von Organisationen und damit auch für die „sachgerechte" Gestaltung von Kompetenzen werden die Begriffe Zentralisation und Konzentration genannt. Beiden gemeinsam ist, daß durch sie Verwaltungsaufgaben in einer „gerafften" Anzahl von Organisationsstellen zusammengefaßt werden sollen. Hierbei wird durch Zentralisation die Organisationsspitze verstärkt, während durch die Konzentration auch periphere Organisationseinheiten mit Kompetenzen angereichert werden können. Im selben Ausmaß, in dem eine vielgliedrige Organisation beschnitten wird, wird zugleich die Hierarchie immer ausgeprägter, weil die zunächst ausgegliederten Sachbereiche näher zu den Organisationsspitzen herangebracht werden. Diese Entwicklung ist bei der Zentralisation unumgänglich, findet sich aber auch in abgeschwächter Form bei der Konzentration. Folge davon ist, daß bisher „autonome Fürstentümer" ihrer Selbständigkeit im Rahmen der Organisation beraubt werden. Oder anders ausgedrückt: Aus Behördenleitern werden Untergebene.

Für die Verwaltungsreform ist dieser Umstand nicht besonders erfreulich, denn es liegt auf der Hand, daß sich Amtsleiter nur ungern zu Referatsleitern degradieren lassen, auch wenn dies unter dem Mantel der effizienzsteigernden Konzentration erfolgt. Das hierbei zutage tretende Maß an Widerstand markiert zugleich die Grenze einer „sachgerechten" Kompetenzverteilung.

So wäre es zum Beispiel sicher sachlich vertretbar, das Amt für Wildbachverbauung in den größeren Rahmen einer Landesbaudirektion einzubeziehen. Beides sind nämlich operative Abteilungen mit gleichen funktionalen Aufgaben und könnten als Ganzes organisiert werden. Soweit die Theorie. In der Praxis hat sich allerdings die Wildbachverbauung zu einem selbständigen organisatorischen Körper herausgebildet, der natürlich auch ein hohes Maß an selbständiger Leitungsbefugnis umfaßt. Die Verwirklichung eines Konzentrationskonzepts wäre daher hier gleichbedeutend mit der Zerschlagung dieser durchaus funktionsfähigen Organisationseinheit. Es bedarf keiner besonderen Betonung, daß in diesem Fall ganz massive personalpolitische Gegenkräfte wirksam würden, die die Realisierung der Reform insgesamt in Frage stellen könnten. Solchen Hindernissen begegnet der Reformer auf Schritt und Tritt. Er muß daher stets abwägen, wo der durch „sachgerechte" Kompetenzvereinigungen mobilisierte Personaldruck einen zu hohen Preis für die lückenlose Verfolgung seines Reformkonzepts bedeutet.

Das Gleichgewicht der Kompetenzen

Neben diesen personalpolitischen Überlegungen ist bei der Kompetenzgestaltung auch auf systemimmanente Anforderungen Bedacht zu nehmen. Darunter ist zu verstehen, daß die einzelnen Kompetenzbereiche im Rahmen des gesamten Verwaltungsapparates zueinander in einem gewissen homogenen Verhältnis zu stehen haben. Einfach ausgedrückt sollen Kompetenzen nicht zu groß und nicht zu klein sein. Natürlich stellt sich hier die Frage, was in diesem Zusammenhang unter „groß" und „klein" zu verstehen ist. Darauf gibt es keine allgemeingültige Antwort. Denn die Bedeutung und Wichtigkeit von Kompetenzen kann unter verschiedenen Gesichtspunkten beurteilt werden. „Man kann beispielsweise auf die Zahl der betroffenen Personen abstellen oder — als Gegenstück — auf die Konsequenzen, die ein Akt für das direkt betroffene Individuum hat. Man kann aber auch den Gesichtspunkt des öffentlichen Interesses als Kriterium wählen oder sich auf die finanzielle Tragweite oder die politischen Auswirkungen stützen"[2]. Die Aussagefähigkeit der angeführten Kriterien ist allerdings gering.

Eine handfeste Richtlinie für die Gleichgewichtigkeit von Kompetenzen ergibt sich aus folgenden Überlegungen: Kompetenzen sind jedenfalls dann zu groß, wenn die sie umschließenden Organisationseinheiten in einem krassen Mißverhältnis zu den anderen Einheiten des Apparates stehen. Reibungen im Apparat sind hier kaum vermeidbar. Einmal deshalb, weil der Kompetenzbereich dadurch unüberschaubar wird. Dies ist allerdings ein Argument, das in der Praxis nur geringe Schlagkraft hat, weil kein Amtsleiter seine Inkompetenz zugeben wird. Man wird solche übergroßen Kompetenzen aber auch deshalb vermeiden, weil sie auf der personellen Ebene starke zentrifugale Kräfte freimachen. Unüberschaubarkeit fördert nicht nur die Abkapselung im Inneren, sondern weckt auch den Neid der nicht so freizügig bedachten Kollegen. Der Organisationsfriede gerät in Gefahr. Zu kleine Kompetenzen liegen vor, wenn sich deren Inhaber im Rahmen der Gesamtorganisation nicht durchsetzen können. In diesem Fall besteht Gefahr, daß sein Wirkungsbereich von größeren Kompetenzhaien inhaliert wird. Auch das bringt Unruhe.

Respekt vor den gewachsenen Kompetenzen

Die Überlegungen und Erfahrungen bezüglich der „sachgerechten" Kompetenz sind nicht gerade ermutigend. Sie machen die engen Grenzen „objektiver" Organisationsmaximen deutlich. Das ist auch der Grund dafür, warum bei der Gestaltung von Kompetenzen nicht nur sachliche, sondern auch politische und personalpolitische Überlegungen angestellt werden. Dieses Faktum entbindet aber den Verwaltungsreformer nicht, bei seinem Bestreben, „sachgerechte" Kompetenzen zu entwickeln, alle angesprochenen Möglichkeiten und Alternativen zu durchdenken. Nicht zuletzt ruht auch in den geschichtlich gewachsenen

---

[2] Bericht und Gesetzesentwurf der (Schweizer) Expertenkommission für die Totalrevision des Bundesgesetzes über die Organisation der Bundesverwaltung, 1971, S. 73.

3. Die „sachgerechte" Kompetenz

Kompetenzen ein hohes Maß an Sachrationalität. Natürlich sind auch sie nur politisch abgeschliffene Kompromisse. Gegenüber den „Maximen" haben sie den Vorteil, daß ihre Brauchbarkeit von der Praxis her beurteilt werden kann. Auch wenn sie „versagt" haben, liefern sie zumindest Ansatzpunkte für eine realistische Kritik. In dem Maße, in dem es gelingt, Verbesserungsvorschläge mit bestehenden Einrichtungen zu verknüpfen, steigt das Maß an diskussionsfähigen Aussagen zur „sachgerechten" Kompetenz und vermindert sich zugleich die Möglichkeit einer dezisionistischen Gestaltung der Kompetenzen nach politischen oder personellen Gesichtspunkten.

V. Verwaltung im Aufriß

1. Verwaltungsmanagement — aber wie?

Ebenso weit verbreitet wie die Kritik an unseren öffentlichen Verwaltungen ist auch ein Rezept, das zu ihrer Gesundung führen soll: Das Rezept heißt Verwaltungsmanagement. Negativ verbindet sich mit diesem Stichwort die Kritik an der Hierarchie, die sowohl den Aufbau als auch den Führungsstil der Verwaltung bestimmt. Was es mit dieser Kritik auf sich hat, wird im folgenden noch zu erörtern sein. Positiv enthält das Wort Verwaltungsmanagement die Aufforderung, die öffentliche Verwaltung an die modernen betriebswirtschaftlichen Organisationsformen heranzuführen.

Ein neuer Stil macht noch keine neue Verwaltung

Nicht selten bleiben allerdings Bestrebungen und Anleitungen in dieser Richtung in allgemeiner Rhetorik und „goldenen" Verhaltensregeln stecken. Aussagen zur Menschenführung, wie z. B., organisieren ist eine Kunst, auf die Menschen kommt es an, oder, die richtige Grundeinstellung ist entscheidend; allgemeine Ratschläge, wie, die Kräfte produktiv zu verwenden, aber auch erstrangige Dinge mit Vorrang zu behandeln[1] und allgemeine — sprachlich hochgestochene — Lernappelle, wie systematische Hebung des interdiziplinären Denkens, der Kooperations- und Dialogbereitschaft, der Führungsfähigkeit, der Innovationsfähigkeit, der problembezogenen Kreativität und der Kommunikationsfähigkeit bilden zusammen die moderne Fibel des guten Tons der Verwaltung. Ihren Leserkreis bildet nicht mehr der „Untergebene", sondern der „Mitarbeiter".

Einzelne Managementschulen haben die sich hier öffnenden Marktlücken rasch erfaßt und bieten in „Führungskräfteschulungen" für Verwaltungsbeamte ein breites Lehrangebot an Führungs-, Verhandlungs- und Kommunikationstechniken an. Die daraus resultierenden Erfolge für den Verwaltungsalltag sind allerdings, wenn man den Absolventen solcher Tagungen Glauben schenken darf, noch nicht besonders groß. Das ist allerdings nicht überraschend. Denn die schönsten

---

[1] Siehe die Hinweise bei *Lecheler*, Personalpolitik und Personalführung in der öffentlichen Verwaltung, 1972, S. 72.

Führungstechniken helfen nichts, wenn es an der Substanz fehlt. Und die Substanz, das ist in der Verwaltung, wie in jeder Organisation, die selbständige Entscheidungsbefugnis.

Solange die Verwaltung aus 90 % „Geführten" besteht, d. h. also aus Personen, die nicht mit Entscheidungskompetenzen ausgestattet sind und nur 10 % des Personals selbständig entscheiden darf, hat es — zumindest von der Praxis her gesehen — wenig Sinn, einen größeren Kreis von Beamten mit modernen Führungsstilen bekannt zu machen. Wer jemals vor Verwaltungspraktikern solche Vorstellungen vorzutragen hatte, weiß, daß dies auch bei jungen und durchaus diensteifrigen Beamten nicht selten zu Enttäuschungen führt, weil ihnen erst dadurch besonders bewußt wird, „daß sie nichts zu entscheiden haben". Für sie bleibt Verwaltungsmanagement eine ästhetische Kategorie und bestenfalls ein Alibi für bezahlte Schulungskurse. In der Mühle des Verwaltungsalltags wird allfällig gewonnenes modernes „Stilbewußtsein" durch die herrschende Routine schnell wieder verdrängt.

Zur Notwendigkeit der Änderung der Organisation

Bewußt wurde hier die Führungsmöglichkeit mit der Entscheidungskompetenz und damit mit der organisatorischen Position des Beamten in eine enge Verbindung gebracht. Das schließt natürlich nicht aus, daß auch Beamte ohne Kompetenz auf Mitarbeiter lenkenden Einfluß haben[2]. Und es soll genausowenig das Gegenteil in Abrede gestellt werden, nämlich, daß Beamte mit Entscheidungskompetenz ihrer Führungsaufgabe nicht nachkommen. Das Führungsverhalten entspricht zwar nicht spiegelbildlich der vorgegebenen Organisationsstruktur, es wird aber durch sie entscheidend beeinflußt. Eine Änderung des Führungsstils in der Verwaltung läßt sich daher nicht allein durch Verhaltensappelle an die potentiellen „Führer", sondern nur durch eine Reform der Organisation selbst erreichen[3].

Bei einer Verwaltungsreform kann Ansatzpunkt für die Änderung des Führungsstils überhaupt nur die Organisation sein. Die Aufgabe der Reformer besteht ja nicht in der Schulung des Personals, sondern in der Gestaltung von Aufbau und Ablauf der Verwaltung. Die Reformer gehen — der Apparat bleibt. Die Reformer können daher nur die Organisation ändern, den organisationsgemäßen Stil müssen die Beamten selbst entwickeln.

---

[2] *Laux*, Führungsverhalten und Führungsstil, in: Handbuch der Verwaltung, Heft 5.7, 1974, S. 1.
[3] Ebenso *Guilleaume*, Demokratisierung der Personalpolitik in der öffentlichen Verwaltung, in: Die Verwaltung 1971, S. 177 ff., S. 182.

2. Führungsstile im Modell

Mit den Führungsstilen verhält es sich so wie mit den Organisationsmaximen. In der Theorie sind sie klar unterscheidbar, in der Praxis verwischen sich ihre Konturen. Die Führungsdiskussion nimmt heute ihren Ausgang von zwei — zumindest im Modell — scharf abgrenzbaren Führungsstilen:
— dem hierarchischen (autoritären, direktiven) Führungsstil und
— dem kooperativen (koordinativen, mitarbeiterorientierten, partizipativen) Führungsstil.

Der hierarchische Führungsstil

Die hierarchische Führung ist dadurch gekennzeichnet, daß sie die unteren Stellen der Verwaltungspyramide nur in engen Grenzen am Führungsprozeß beteiligt. Sie beruht auf der „Autorität von oben" und dem „Gehorsam von unten" und versteht daher nur die Verwaltungsspitze als Entscheidungsinstanz, bei der alle für die Aufgabenbewältigung erforderlichen Zuständigkeiten, Informationen und Entscheidungsbefugnisse zusammengefaßt sind. Den unteren Verwaltungsstellen ist eine selbständige Entscheidungsbefugnis weitgehend entzogen. Ihre Tätigkeit beschränkt sich vornehmlich auf Vorbereitungsarbeiten. Geführt wird über die Erteilung von Einzelaufträgen durch Weisung und Kontrolle. Die Geführten arbeiten unselbständig, entwickeln wenig Initiative, reagieren erst nach Anstoß und haben daher nur einen geringen Entfaltungsspielraum.

Der kooperative Führungsstil

Im Gegensatz dazu steht der kooperative Führungsstil, der den modernen betriebswirtschaftlichen Organisations- und Führungsmodellen zugrunde liegt. Die inflatorische Zahl der einschlägigen Modelle zeugt zwar von der Fruchtbarkeit der Theoretiker, stellt aber die Praxis — wenn sie sich überhaupt darum kümmert — vor die Qual der Wahl. So gibt es Modelle eines Managements by motivation, by partizipation, by communication, by results, by objectives, by exception, by delegation, by system, by approach, etc. Es ist zu fürchten, daß auch in dieser Aufzählung nicht alle Managementmodelle enthalten sind. Für unsere Zwecke genügt es, wenn wir kurz auf das schon etwas bekanntere Management by objectives, wobei letzterer Begriff für „Zielvorgabe" oder auch „Zielvereinbarung" steht, eingehen.

Die Führung durch Zielvorgabe sieht vor, daß die Führungsspitze, die häufig nur undeutlich zu Tage tretenden Zielvorstellungen der Organisation klar definiert und sie den mit Leitungsfunktionen betrauten Mitarbeitern ins Bewußtsein bringt. Die Realisierung der Ziele und damt die Entscheidungsbefugnis wird nun nicht — wie beim hierarchischen Führungsstil — der Führungsspitze vorbehalten, sondern in Form einer Zielhierarchie auf die gesamte Organisationsstruktur verteilt. Die Erfüllung der einzelnen Unternehmungsziele wird weitgehend in die Verantwortung der Mitarbeiter übertragen, die dadurch in den Entscheidungs- und Führungsprozeß einbezogen werden. An die Stelle des ursprünglichen Verhältnisses Befehl-Gehorsam oder Anordnung-Vollzug tritt die funktionsgerecht abgestufte Mitbeteiligung an der Entscheidung und dem Entscheidungsvollzug[4].

Der organisatorische Unterschied zwischen beiden Stilen

Für die Reform ist nicht so wichtig, wie sich die Beamten verhalten, sondern unter welchen Voraussetzungen sie einen der erwähnten Stile entwickeln. Es geht also um den organisatorischen Unterschied zwischen dem hierarchischen und dem kooperativen Führungsstil. Aus den vorstehenden Anführungen wird deutlich, daß dieser Unterschied in der verschiedenen Aufteilung der Aufgaben im Rahmen der Organisation liegt. In der Hierarchie sind die Entscheidungskompetenzen auf die Spitze konzentriert, im kooperativen Führungsmodell werden die Entscheidungskompetenzen auch auf die unteren Verwaltungsebenen verlagert. In der Verteilung der Aufgaben auf die einzelnen Verwaltungsebenen liegt also der Schlüssel für den Führungsstil der Verwaltung.

3. Führungsstile in der Praxis

Dieses Wechselspiel von Organisation und Führungsstil tritt freilich in der Praxis kaum jemals in reiner Form zutage. Insbesondere kann von einem „hierarchiegerechten" Verhalten immer weniger die Rede sein. So wird z. B. der Behördenalltag sicher nicht durch die Weisung bestimmt. Im Gegenteil: Auch der „Chef" hängt bei seiner Arbeit weitgehend von der Kooperationswilligkeit seiner Untergebenen ab. Auch er muß sich auf seine Untergebenen „verlassen können". Das mindeste, was er dabei erwarten kann, ist eine über die Furcht vor Sanktionen hinausgehende Loyalität. Er ist auch darauf angewiesen, daß die „unten" angesammelten Informationen nach oben dringen. Ist dies nicht der Fall, so gefährdet er mit sachfremden Entscheidungen auch seine eigene Karriere.

---

[4] *Odiorne,* Management by objectives — Führung durch Vorgabe von Zielen, 1967, S. 7.

Der „verfilzte" Apparat

Diese Zusammenarbeit gedeiht heute immer mehr außerhalb der Hierarchie. Sie schafft sich ihre eigene informale Organisation, die die in der Geschäftseinteilung vorgesehenen „offiziellen" Organisations- und Entscheidungskanäle überwuchert. Ihr Erscheinungsbild ist vielgestaltig. Die informale Organisation umfaßt das „Vorzimmer des Chefs" und die von ihm angeheuerten „Berater" genauso, wie bestimmte — oft nach parteipolitischen Gesichtspunkten zusammengefügten — Gruppen innerhalb der Organisationsmitglieder. Sie findet ihren Niederschlag in ad-hoc bestellten, problembezogenen Koordinationskommittees, Lenkungsausschüssen und in der Zuziehung von Nichtmitgliedern der Organisation zur Beratung und Entscheidung bestimmter Sachfragen. All diese Entscheidungen sind ein Zeichen dafür, daß die Hierarchie nur teilweise einen funktionsgerechten Verwaltungsablauf ermöglicht und daß demgemäß Modell und Realität der Bürokratie immer mehr auseinanderklaffen.

In dieser Überlastung der Hierarchie liegt natürlich auch eine Gefahr für die Verwaltung. Die „dynamische Organisation", die sich abseits der vorgezeichneten Strukturen jeweils nach den einzelnen Entscheidungsproblemen formiert, entzieht sich weitgehend der Kontrolle. Das wiederum erleichtert die verstärkte Einflußnahme von außen, wie auch das Entstehen undurchsichtiger Gruppenmacht. Der Apparat verfilzt sich. Immer mehr „Stellen" sind mit einer Entscheidung befaßt. Die Verantwortung versickert in der Herstellung von „Einvernehmen" von einem Sachbearbeiter zum anderen. Der antragstellende Bürger lernt im Rundlauf alle Instanzen kennen. Für ihn besteht die behördliche Koordination vor allem im Sammeln von Unterschriften. Verständlich, daß er versucht, diese Hürden zu umgehen, indem er sich direkt an „seinen" Politiker wendet. Damit schließt sich der Kreis: Die Intervention blüht, die Verwaltung gerät außer Kontrolle.

Führungsstil des „Augenzwinkerns"

Das Überspringen von Instanzen und die Verlagerung von Entscheidungen nach außen stört natürlich auch das Verhältnis zwischen Vorgesetzten und Untergebenen. Es fördert nicht gerade die Arbeitsfreude, wenn man selbst nur mit Routine befaßt wird, während die saftigen Entscheidungshappen an „Berater" verteilt werden, die in der Hierarchie noch unten stehen. Es soll vorkommen, daß der Sekretär oder der Chauffeur eines Behördenleiters mehr in den „Informationsverarbeitungsprozeß" eingebunden sind, als der zuständige Beamte. All das stellt die Loyalität der Beamten auf eine große Probe.

Hand in Hand mit dieser schleichenden „Los-von-der-Bürokratie-Bewegung", vielleicht aber auch, weil es zum Bild eines „modernen" Vorgesetzten gehört, hat sich heute in der Bürokratie weithin ein Führungsstil durchgesetzt, der peinlichst jeden Anklang an die „direktive" Führung vermeidet. Es wurde schon gesagt, daß die Weisung im Fundus der Führungsmittel langsam verstaubt. Heute geht man eher nach dem Motto, wasch mir den Pelz, aber mach mich nicht naß, vor oder ins organisatorische übersetzt: Entscheide, aber gib mir keine Befehle. Wenn Weisungen erteilt werden, werden sie heute meist von den Untergebenen selbst zur Absicherung verlangt. Die klare Anordnung weicht dem Führungsstil des „Augenzwinkerns". Die Autorität wird unterspielt, an ihre Stelle tritt der Appell an die Loyalität.

„Sie werden mich doch nicht enttäuschen", „Ich kann mich ja auf Sie verlassen" sollen dem Untergebenen ein Mitarbeitergefühl vermitteln. Wenn die Entscheidung schon getroffen ist, wird sie im Nachhinein noch „verkauft". „Wir sind doch einer Meinung", „Meinen Sie nicht auch, daß diese Lösung am besten ist" — diese Formulierungen heben den Untergebenen in eine rhetorische Gleichrangigkeit hinein, aus der er — abgesehen von seiner fehlenden Entscheidungskompetenz — auch aus menschlichen Erwägungen nicht ausbrechen kann. Er ist ja nicht mehr nur Untergebener, sondern — zumindest verbal — Komplize der Entscheidung.

Die Gefahr eines Autoritätsverfalls unter dem Mäntelchen der Kollegialität wird auch von Verwaltungspraktikern gesehen und — schärfer als hier — kritisch beleuchtet. Als Beispiel dafür sei Meinhard Gstrein, ein Spitzenbeamter der Tiroler Landesregierung, zitiert: „Das joviale Schulterklopfen eines Chefs hat jedoch mit dem vorhin erwähnten Partnerschaftsgedanken mit einem kooperativen Führungsstil nichts zu tun. Ein Vorgesetzter, mit dem die Mitarbeiter, womöglich beim gemeinsamen Alkoholkonsum je nach Laune über Frauen oder Fußball reden können, hält sich vielleicht für einen modernen Manager und merkt gar nicht, daß dieses Verhalten kaum etwas mit Kooperation und Partnerschaft zu tun hat. Bei einem derartigen Verhalten kann unter Umständen die Frage der Manipulation berechtigt sein[5]." Es gibt also auch im dienstlichen Verkehr „Grenzen der Freundlichkeit", die auch der kollegiale Beamte respektieren sollte.

Auch das Management durch Zielvorgabe ist für die Verwaltung nichts neues, sofern man nur den Stil meint und die organisatorischen Konsequenzen außer acht läßt. Der Vorgesetzte erläutert zunächst einzelne allgemeine Grundsätze und entläßt dann den Referenten mit

---
[5] Gedanken über die Verwaltung, in: Hausgabe für Landesamtsdirektor Dr. Rudolf Kathrein zum 60. Geburtstag, 1976, S. 17 ff., S. 27.

den Worten „Überdenken Sie das Problem in dieser Richtung". Ihm obliegt dann die Klärung der schwierigen Detailfragen und er trägt somit auch die Entscheidungslast. Diese Strategie des „Ich-werde-nachdenken-lassen" schafft zwar dem Vorgesetzten viel Bewegungsspielraum, ist sie aber deshalb auch schon kooperativ?

*Kooperativer Führungsstil
setzt geteilte Verantwortung voraus*

In einer schematischen Darstellung zur Klassifikation von Führungsverhalten finden sich folgende Beispiele eines besonders mitarbeiterorientierten Führungsstils[6]:

— Vorgesetzter präsentiert das Problem, erhält Lösungsvorschläge, trifft Entscheidung;
— Vorgesetzter definiert Entscheidungsspielraum, Mitarbeiter entscheiden;
— Vorgesetzter läßt Mitarbeiter innerhalb bestimmter Grenzen frei entscheiden.

Alle diese Varianten kommen auch in der Bürokratie vor. Sie sind dort aber nicht Ausdruck eines kooperativen Führungsstils, sondern Zeichen einer verunsicherten Hierarchie, die sich nicht traut oder nicht imstande ist, sich „stilgetreu" darzustellen. Kooperation findet nämlich — nimmt man das Wort ernst — nur auf dem Boden unterschiedlicher Entscheidungskompetenzen statt. Soll Kooperation mehr sein als Brosamen vom Tisch der Vorgesetzten, dann muß sie in geteilter Verantwortung gegründet sein. Solange dafür die organisatorischen Voraussetzungen nicht gegeben sind, führt die Propagierung eines „Managementstils" in der Verwaltung nur zum Etikettenschwindel.

Das antizyklische Verhältnis von Stil und Organisation

Die bisherigen Ausführungen haben zugleich ein antizyklisches Verhältnis zwischen Organisationsform und Führungsstil zu Tage gebracht: Je strenger die Hierarchie, desto stärker ist das Bedürfnis nach Kooperation. Hingegen steigt in Organisationen mit pluralistischen Entscheidungskompetenzen der Bedarf an sachlichen Autoritäten. Denn aus Diskussionen alleine entstehen keine Entscheidungen.

Organisationen funktionieren offensichtlich dann optimal, wenn zwischen direktiver und kooperativer Führung ein bestimmtes — natürlich von Fall zu Fall verschiedenes — Gleichgewicht herrscht. Ist die Organisation in einer Richtung „kopflastig", dann stellt sich der

---

[6] *Steahle*, Organisation und Führung sozio-technischer Systeme, Grundlagen einer Situationstheorie, 1973, S. 101.

Ausgleich durch die Hintertür, durch Wuchern der informalen Beziehungen wieder her.

Dieses „Gegensteuern" ist für die Organisation nicht unbedingt ungesund. Es hält sie elastisch und erleichtert so notwendige organisatorische Anpassungsprozesse. Für die Organisationsmitglieder begründet das „Gegensteuern" auch die Möglichkeit, den ihnen zugewiesenen Status in Form eines Bewegungskrieges zu verbessern. Diese Dynamik bringt natürlich auch Reibungen, sie ist aber jedenfalls der Totenstille einer zementierten Struktur vorzuziehen.

Für eine kooperative Bürokratie

Das „Gegensteuern" hat allerdings seine Grenzen dort, wo der „informale Druck" das formale Organisationsgefüge sprengt. Dadurch geht die Transparenz verloren und leidet auch die Effizienz der Organisation. Es besteht Grund zur Annahme, daß sich die Bürokratie diesem Gefahrenpunkt bedrohlich nähert. Zumindest in jenen Bereichen, in denen geplant und gestaltet werden muß, hat sich die natürliche Lockerung der Hierarchie zu einem Ausbruch aus der Hierarchie verdichtet. Ein Übermaß an informaler Organisation und das Überhandnehmen des quasi-kooperativen Führungsstils sind Zeichen dafür. Es scheint daher an der Zeit, den Versuch zu wagen, die hierarchische Organisationsstruktur zugunsten einer dem kooperativen Führungsmodell entsprechenden Entscheidungsdelegierung zurückzudrängen. Dies nicht deshalb, um einer unkritischen ideologischen Hierarchiekritik nachzugeben, sondern um den geänderten Leistungsanforderungen an die Verwaltung gerecht zu werden und damit zugleich die Kluft zwischen den formalen Entscheidungsstrukturen und dem faktischen Entscheidungsgang zu schließen.

4. Kooperative Führung und politische Verantwortung

Verwaltungsmanagement beruht auf Delegation. Aus organisatorischer Sicht bedeutet dieser Begriff die Übertragung von Entscheidungsbefugnissen und Verantwortung an die Mitarbeiter und damit die Dezentralisation der Entscheidungsbefugnisse schlechthin. Die so geschaffene delegative Organisationsstruktur ist Voraussetzung für den kooperativen Führungsstil.

Delegation im juristischen Sinn

Im juristischen Sprachgebrauch hat der Begriff der Delegation eine andere Bedeutung. Delegation bedeutet hier die Begründung einer von der regulären Zuständigkeitsordnung abweichenden, irregulären Zuständigkeit[7]. Es ist daher streng genommen irreführend, im Zusammenhang mit einer den Managementvorstellungen entsprechenden Zuständigkeitsverteilung von einer „Delegation" zu sprechen, weil dieser Begriff „in den geläufigen Vorstellungen das Bild des Außerordentlichen, Ungewöhnlichen und Unerwünschten weckt. Es geht nämlich nicht darum, für eine vorübergehende Situation Geschäfte auf untere Amtsstellen zu übertragen, ähnlich wie man im Notstand untere Organe zu Handlungen bevollmächtigt; vielmehr ist eine reguläre und bleibende Situation im Spiele, in der es gilt, den verzweigten Verwaltungsorganen, die ihrer Struktur, Funktionsfähigkeit und Stufe angemessenen Obliegenheiten zuzuschreiben[8]." Wenn im folgenden daher von „delegativer" Zuständigkeitsverteilung oder Aufgabenverteilung gesprochen wird, so ist in Abweichung zum juristischen Sprachgebrauch eine reguläre Aufgabenverteilung zu verstehen, die im Gegensatz zur hierarchischen Zuständigkeitsverteilung steht.

Zum Widerspruch von Delegation und Weisungsbefugnis

In privaten Organisationen ist die Frage der Ausgestaltung einer solchen delegativen Zuständigkeitsverteilung eine reine Frage der Zweckmäßigkeit. Anders in der öffentlichen Verwaltung. Hier stößt das Problem der delegativen Aufgabenverteilung vor allem auf die Fragen der politischen Verantwortung und der Weisungsbefugnis. Sicher, dem Minister ist unter dem Aspekt der von ihm zu tragenden politischen Verantwortung die volle Entscheidungs- und Leitungsgewalt über seine Beamten vorzubehalten. Im strengen Sinn ausgelegt würde dies bedeuten, daß eine delegative Zuständigkeitsverteilung nur mit dem Vorbehalt möglich ist, daß der Minister jederzeit und unbeschränkt in den delegierten Aufgabenbereich eingreifen kann. Dieses bedingungslose Selbsteintrittsrecht liegt z. B. dem § 10 des österreichischen BundesministerienG 1973 zugrunde. Es ermächtigt den Bundesminister, den Sektions-, Gruppen-, Abteilungs- und Referatsleitern bestimmte Gruppen von Angelegenheiten zur selbständigen Behandlung zu übertragen. Ausdrücklich wird aber festgelegt, daß das Weisungsrecht durch diese Übertragung nicht berührt wird. Der Bundesminister ist weiters berechtigt, jede Angelegenheit, zu deren selbständiger Behandlung ein Beamter ermächtigt wurde, an sich zu ziehen oder sich die Genehmigung zur Entscheidung vorzubehalten.

Durch diese Regelung wird der begrüßenswerte Vorsatz, im Rahmen der Ministerien die organisatorischen Voraussetzungen für eine ko-

---

[7] *Wolff / Bachof*, Verwaltungsrecht II, 1976, 4. Auflage, S. 24.
[8] Bericht und Gesetzesentwurf der (Schweizer) Expertenkommission für die Totalrevision des Bundesgesetzes über die Organisation der Bundesverwaltung, 1971, S. 47.

operative Verwaltungsführung zu schaffen, zunichte gemacht. Denn „das bedingungslose Selbsteintrittsrecht des Vorgesetzten ist geradezu darauf angelegt, unselbständige und farblose Untertanen zu favorisieren"[9]. Was übrig bleibt, ist eine verkappte Hierarchie, die den Führungsstil des „Augenzwinkerns" fördert. Außerdem wird die Führungsspitze in keiner Weise entlastet, wenn sie nach wie vor — in Wahrnehmung ihrer politischen Verantwortung — Sachanweisungen geben und die Erledigung der „Mitarbeiter" kontrollieren muß.

Es besteht nun allerdings kein juristischer und schon gar kein sachlicher Grund, die Ministerverantwortlichkeit einer funktionsfähigen delegativen Aufgabenordnung entgegenzustellen. Der einfache Gesetzgeber müßte hier nur über den Schatten der überkommenen hierarchischen Vorstellungen springen und die Verteilung von Entscheidungen und Verantwortungen auf den Behördenapparat im Lichte des kooperativen Führungsstils aber auch im Lichte der Rechtsstaatlichkeit und der Ministerverantwortlichkeit neu überdenken. Daß die gegenwärtige Situation äußerst unbefriedigend ist, soll das folgende Beispiel klarmachen.

Der Einsturz der Wiener Reichsbrücke
oder: Die Suche nach den Verantwortlichen

Am 1. August 1976 stürzte die Wiener Reichsbrücke ein. Über die technischen Ursachen gibt es mehrere Meinungen; die Frage nach den politisch „Schuldigen" ist ungeklärt. Denn der Umstand, daß der zuständige politische Ressortleiter zurückgetreten ist, mag zwar die Öffentlichkeit beruhigen, die Verantwortungsfrage bleibt rational und juristisch ungeklärt.

Wer trägt die Verantwortung dafür, daß ein Werksmeister bei der routinemäßigen Kontrolle der Brücke die Einsturzgefahr nicht erkannt hat. Ist ein Politiker als „oberstes Organ" wirklich für die sachliche Richtigkeit konkreter Behördenentscheidungen oder -unterlassungen auf unterster Ebene, die in sein Ressort fallen, politisch verantwortlich? Man kann nun einmal so argumentieren, daß dem Politiker die oberste Weisungsgewalt zusteht und er deshalb auch verpflichtet ist, durch konkrete Sachweisungen fehlerhafte Verwaltungsentscheidungen — auf welcher Ebene immer — zu verhindern. Die Kehrseite des „Selbsteintrittsrechtes" ist eben die „Selbsteintrittspflicht". Und der Umfang der „Selbsteintrittspflicht" ist zugleich wiederum für das Maß an politischer Verantwortung bestimmend. Wenn ein leitendes Organ in den Entscheidungsbereich eines Beamten jederzeit mit Weisung eingreifen kann und darüberhinaus jede Angelegenheit an sich ziehen kann, dann

---

[9] *Lecheler*, Personalpolitik, S. 42.

ist daraus zu folgern, daß er auch für jede einzelne konkrete Handlung die politische Verantwortung selbst trägt. Denn jedes Recht konstituiert zugleich eine Pflicht und damit Verantwortung.

Dieses Konzept der politischen Verantwortung, wie es z. B. dem BundesministerienG 1973 zu entnehmen ist, befriedigt allerdings in keiner Weise. Es ist einfach unrealistisch anzunehmen, daß ein Politiker jederzeit und unbeschränkt für die konkreten Handlungen und Unterlassungen eines Beamten auch auf unterster Ebene einzustehen und sie politisch zu verantworten hat.

Verfassungsgesetzlich ergibt sich eine solche Überdehnung des Begriffs der politischen Verantwortung nicht zwingend. Gemäß Art. 20 B-VG sind die Verwaltungsorgane an die Weisungen der ihnen vorgesetzten Organe gebunden und diesen für ihre amtliche Tätigkeit verantwortlich. Sie stehen unter der Leitung der obersten Organe des Bundes und der Länder. Damit ist zweierlei ausgesagt: Einmal, daß nicht nur die obersten Organe weisungsberechtigt und damit auch zum Selbsteintrittsrecht verpflichtet sind, sondern auch die anderen „vorgesetzten Organe". Soll die damit festgelegte kumulative Verantwortung nicht überflüssig sein, kann sie nur dahingehend verstanden werden, daß sie in graduell unterschiedlicher Form auf die einzelnen Vorgesetzten aufzuteilen ist. „Graduell" kann in diesem Zusammenhang nur bedeuten, daß die Konkretheit der Weisungspflicht davon abhängt, in welchem organisatorischen Naheverhältnis der Vorgesetzte zum Weisungsempfänger steht. Der unmittelbare Vorgesetzte wird daher im vollen Umfang seinem Selbsteintrittsrecht genügen müssen. Der nächsthöhere Vorgesetzte wird sich auf eine grundsätzliche Führungspflicht beschränken können. Der oberste (politische) Funktionär wird demgemäß — wie ja auch Art. 20 B-VG es ausdrückt — nur mehr die allgemeine Leitung für sich beanspruchen können und damit aber auch nur mehr für Fehler in der allgemeinen Leitung belangt werden können. Mit anderen Worten: Die politische Führungsspitze hat vor allem dafür die politische Verantwortung zu tragen, daß die ihr unmittelbar untergeordnete Verwaltungsstelle ihrer Führungsaufgabe nachkommt. Geht man nicht von einem solchen Grundsatz der graduellen Schichtung der Verantwortung aus, bleibt der Sinn einer mehrköpfigen Weisungshierarchie verschlossen. Warum sollte man dann dem „nächsthöheren" Vorgesetzten überhaupt Verantwortung übertragen, wenn ohnehin die Führungsspitze für alles die gesamte Verantwortung trägt. Eine solche kumulative Verantwortung der dazwischenliegenden Linienvorgesetzten wäre überflüssig und somit entbehrlich. Gerade aus dem Umstand der Weisungshierarchie ist zu schließen, daß auch der Verfassungsgesetzgeber die obersten politischen Organe für ihre politischen Leitungsaufgaben freistellen wollte und sie von der — praktisch völlig

4. Kooperative Führung und politische Verantwortung

unmöglichen — Notwendigkeit jederzeitiger konkreter Sachanweisungen befreien wollte.

Dagegen kann man einwenden, daß Art. 20 B-VG als einziges Führungsmittel die Weisung erwähnt. Dies bedeutet allerdings nur, daß das Weisungsrecht nicht ausgeschlossen werden kann, nicht aber, daß die Weisung als alleiniges Führungsmittel zu verwenden ist. Analysiert man Art. 20 B-VG nicht allein ausschließlich vom Standpunkt des bürokratischen, d. h. streng hierarchischen Modells und beschränkt sich deshalb auf die Weisung, so tritt vor allem der Begriff der „Leitung", der ebenfalls im Art. 20 B-VG zur Charakterisierung des Verhältnisses von obersten Organen und Verwaltungsorganen verwendet wird, in den Vordergrund. „Unter der Leitung" kann jedenfalls nicht nur die Bindung an die Weisungen bedeuten, sonst wäre ja der erstere Begriff überflüssig. „Unter der Leitung" bedeutet im Gegenteil, daß die Weisung nicht das einzige Führungsmittel der Verwaltung darstellt, sondern durch andere Führungsmittel ergänzt werden kann und muß, die zwar der politischen Spitze ausreichenden Einfluß auf die Verwaltungsführung sichern, ihrer Natur nach aber etwas anderes als konkrete Sachanweisungen sein müssen.

Solche Führungsmittel sind der österreichischen Verwaltungspraxis derzeit noch weitgehend unbekannt. In der ausschließlichen Konzentration auf das hierarchische Weisungsmodell hat sowohl die Wissenschaft wie auch die Verwaltungspraxis die — verfassungsgesetzlich geforderte — Entwicklung moderner Führungstechniken verschlafen. Das Konzept der koordinativen Führung wurde zwar im Schlagwort des Verwaltungsmanagement allgemein bejaht, die für seine Einführung in die öffentliche Verwaltung erforderliche juristische und organisationstechnische Arbeit jedoch bisher nicht geleistet. Gerade dadurch steht auch die Auslegung des Art. 20 B-VG in einer eigentümlichen Abstraktheit und Beziehungslosigkeit der Realität des Verwaltens gegenüber. Und da Art. 20 B-VG zugleich der Angelpunkt für die politische Verantwortung ist, ist auch deren konkreter Inhalt weitgehend ungeklärt.

Im Sinne der koordinativen Verwaltungsführung werden einzelne Aufgaben dem Beamten zur selbständigen und eigenverantwortlichen Entscheidung übertragen. Dies entspricht ja auch dem Konzept des BundesministerienG 1973. Abweichend davon ist aber die Führungsspitze nicht jederzeit zum Selbsteintrittsrecht verpflichtet, sondern auf die Führungsverantwortung beschränkt. Die politische Führungsspitze hat daher nicht jede konkrete Sachentscheidung zu vertreten, sondern ist nur dafür verantwortlich, daß der Apparat im Sinne der Grundsatzentscheidungen arbeitet. Nur dann, wenn dies nicht der Fall ist, oder wenn die nachgeordneten Organe ihrer Weisungspflicht nicht nachkommen, ist die Führungsspitze, also das „oberste Organ", zur Erteilung von Weisungen verpflichtet.

Nach diesem Konzept findet auch Art. 20 B-VG eine befriedigende Auslegung. Im Rahmen der Leitungsgewalt der obersten Organe ist die Befugnis zur Weisung nur die ultima ratio der Führung. Sie ist dort einzusetzen, wo alle anderen Führungsmittel versagen oder wo die nachgeordneten Organe ihrer Weisungspflicht nicht nachkommen.

Sicher gibt es, wie das deutsche Bundesverfassungsgericht[10] feststellt, Aufgaben, „die wegen ihrer politischen Tragweite nicht generell der Regierungsverantwortung entzogen" werden können. Offensichtlich sind dies jene Aufgaben, die im engeren Sinn den Begriff der „Regierung" ausmachen. Nach herrschender Auffassung zählen dazu jedenfalls nicht jene Verantwortungsaufgaben, die im Wege der Vollziehung von Gesetzen zu besorgen sind. Im Bereich der Regierung und selbstverständlich auch bei allen jenen Geschäften, die einem obersten Organ verfassungsgesetzlich vorbehalten sind, hat dieses seiner Weisungspflicht im umfassenden Sinn nachzukommen. In diesen Bereichen trägt es auch die unbeschränkte vollständige politische Verantwortung, die es nicht mit nachgeordneten Organen teilen kann.

Nach den vorstehenden Ausführungen kann nunmehr auch die politische Verantwortung für den „Reichsbrückenfall" geklärt werden. Betont sei, daß der Begriff der politischen Verantwortung schon jetzt unter dem Gesichtswinkel des Art. 20 B-VG — also auch ohne die entsprechenden einfachgesetzlichen Organisationsvorschriften — nach dem Prinzip der geteilten Verantwortung zu klären ist. Beim „Reichsbrückenfall" ergeben sich nun folgende Fragen:

1. Hätte der Brückeneinsturz durch eine sorgfältige Handhabung der routinemäßigen Kontrollpflicht vorausgesehen werden können?
2. Ist das bestehende Brückenkontrollsystem grundsätzlich ausreichend, war jedoch die allgemeine Durchführung dieses Kontrollsystems mangelhaft?
3. Ist das Brückenkontrollsystem selbst mangelhaft?
— Im ersteren Fall trifft jedenfalls den mit der Kontrolle befaßten Beamten und seine unmittelbaren Vorgesetzten die Verantwortung für die Katastrophe.
— Im zweiten Fall wird vor allem der Leiter der Dienststelle zur Verantwortung zu ziehen sein.
— Im dritten Fall handelt es sich um eine klare Verletzung der politischen Leitungspflicht und damit auch um eine Frage der politischen

---

[10] BVerfGE Band 9, S. 282.

Verantwortung. Wen diese zu treffen hätte, ergibt sich — unabhängig von parteipolitischen Überlegungen und auch vom Druck der Öffentlichkeit — vor allem aus der Wiener Stadtverfassung.

Delegative Zuständigkeitsverteilung und Rechtsstaat

„Reichsbrückenfälle" kommen, was die Frage der Verantwortung betrifft, in der Verwaltungspraxis oft vor. Meist werden sie in irgendeiner Form „planiert". Will man diesen Zustand beenden, müssen die juristischen und administrativen Voraussetzungen für eine realistische Entscheidungs- und Verantwortungsstruktur der öffentlichen Verwaltung geschaffen werden. Unter rechtsstaatlichen Gesichtspunkten wäre vor allem durch Gesetz klar festzulegen, welche Verwaltungsaufgaben grundsätzlich „übertragbar" sind. Die vage Formulierung des § 10 Abs. 1 des BundesministerienG: „Bei der Übertragung ist auf die Bedeutung der einzelnen Angelegenheiten gebührend Bedacht zu nehmen", befriedigt in keiner Weise. Im folgenden Kapitel sollen solche „Delegationskriterien" in grundsätzlicher Form formuliert werden.

Was die politische Verantwortung im besonderen betrifft, wäre das hierarchische Führungsmittel der Weisung auf den verfassungsrechtlich notwendigen Raum einzuschränken. Darüberhinaus sind neue Führungsinstrumente zu entwickeln, die den jeweiligen leitenden Organen ausreichenden Einfluß auf die Verwaltungsführung sichern, dabei jedoch gewährleisten, daß der Entscheidungsraum der Mitarbeiter nicht ständig durch Einwirkungen von oben durchlöchert wird.

5. Die Delegationskriterien

Eine kooperative Führung der Verwaltung, aber auch eine realistische Bemessung der politischen Verantwortung sind nur möglich, wenn Verwaltungsaufgaben delegiert werden. Die Frage ist nur, wie dies geschehen soll. Hier sind zwei Problembereiche zu unterscheiden:

— Einmal geht es um die Kriterien, nach denen in einer, den rechtsstaatlichen Erfordernissen und dem Kontrollbedürfnis der öffentlichen Verwaltung angemessenen Form, Aufgaben delegiert werden können.
— Zum anderen ist die jeden Verwaltungsapparat betreffende Frage nach der sachlich zweckmäßigen Einrichtung der Entscheidungs- und Verantwortungsbereiche zu klären.

Das erstere Problem liegt also in der Legitimität der Delegation. Erst wenn es gelöst ist, stellt sich das Problem der Rationalität der Delegation.

Natürlich kann die Frage der Delegierbarkeit von Verwaltungsaufgaben nicht dem Belieben des politisch verantwortlichen Organs oder gar des einzelnen Behördenleiters anheimgestellt werden. Großzügige Naturen würden wahrscheinlich mehr, ängstliche oder herrschsüchtige Personen wahrscheinlich nur wenig Entscheidungsbefugnisse nach unten verlagern. Eine geordnete Verwaltungsführung wäre unter solchen unterschiedlichen Voraussetzungen nicht denkbar. Schon aus diesen Gründen muß die Delegation von Aufgaben im Rahmen jeder Verwaltungsorganisation nach objektiven Gesichtspunkten erfolgen.

Entscheidend ist allerdings der Legitimitätsaspekt. Die behördliche Zuständigkeitsordnung ist nicht nur eine Frage organisationstechnischer Zweckmäßigkeit, sondern vor allem — und dadurch unterscheidet sie sich ja von privaten Organisationen — unter dem Blickwinkel des Rechtsschutzes des einzelnen Staatsbürgers zu sehen. Garantien für dieses Rechtsschutzbedürfnis stellen — abgesehen von der Gerichtsbarkeit, die hier ausgeklammert werden kann — einerseits das Legalitätsprinzip, andererseits die politische Verantwortung der obersten Organe der Verwaltung dar. Vor allem die Notwendigkeit der politischen Verantwortung stellt den Angelpunkt für die Übertragungsfähigkeit von Verwaltungsaufgaben von den „Politikern" auf die Beamten dar. Als allgemeine Marschrichtung wird man davon ausgehen können, daß in dem Maße, in dem die Verwaltungsentscheidungen an das Gesetz gebunden und insofern kontrollierbar sind, das Bedürfnis an einer unmittelbar wirksamen politischen Kontrolle sinkt. Daneben wird aber auch die Eingriffsintensität der Verwaltungsentscheidungen zu berücksichtigen sein.

Die folgenden juristischen Delegationskriterien versuchen, das gesamte Spektrum der Verwaltungsaufgaben danach zu gewichten, ob sie von der politischen Verwaltungsspitze selbst zu entscheiden sind oder ob sie in den Entscheidungsbereich der Beamten verlagert werden können. Betont sei, daß auch im letzteren Fall durch geeignete Führungsmittel der Einfluß der Verwaltungsspitze auf den Verwaltungsgang gewährleistet sein muß. Dieser Einfluß muß sich allerdings nicht ausschließlich im Instrument der Weisung manifestieren.

Der Grad an gesetzlicher Bindung

Gesetze objektivieren das Verwaltungshandeln und stellen es zugleich auf eine demokratische Basis. Die Verantwortung der Verwaltungsspitze kann hier daher auf die Wahrnehmung der Kontroll- und Aufsichtsfunktionen beschränkt werden. Die Vollziehung gesetzlich ausreichend gebundener Verwaltungsaufgaben ist grundsätzlich delegationsfähig.

Verwaltungsaufgaben, die im Rahmen gesetzlich eingeräumter Ermessensspielräume zu erfüllen sind, eignen sich besonders dort, wo damit große Dispositionsmöglichkeiten verbunden sind, nur bedingt zur Delegierung an untergeordnete Verwaltungsstellen.

Gestaltungswirkung der Verwaltungsentscheidungen

Im Hinblick auf die Delegierbarkeit ist hier zwischen Verwaltungsakten mit punktuellem Charakter, die sich in der Ordnung oder Gestaltung einer konkreten Verwaltungsaufgabe erschöpfen und Verwaltungsakten programmatischer Natur zu unterscheiden. Letztere sind Grundlage einer Fülle von Einzelentscheidungen und -verfügungen. Das Bedürfnis an direkter politischer Verantwortung ist bei den Verwaltungsakten punktueller Natur geringer als bei den programmatischen Verwaltungsakten.

Außen- oder Innenwirkung der Verwaltungsentscheidungen

Verwaltungsinterne Akte, die keinerlei Rechtswirkungen nach außen, d. h. gegenüber einer Partei bzw. anderen öffentlichen Organen und Dienststellen haben, sind grundsätzlich delegierbar.

Verwaltungsakte mit Außenwirkung sind nur dann delegierbar, wenn Eingriffsziel, Eingriffszuständigkeit und Eingriffsverfahren gesetzlich genau geregelt sind.

Finanzielle Auswirkung von Verwaltungsentscheidungen

Die Übertragungsfähigkeit der Verwaltungsakte richtet sich auch nach den damit verbundenen finanziellen Auswirkungen auf die Verwaltung. Die Grenze wird hier ziffernmäßig zu ziehen sein.

*Allgemeine politische Bedeutung
der Verwaltungsentscheidungen*

Verwaltungsziele sind Teile der Staatsziele. Je nach der Gewichtigkeit der einzelnen Verwaltungsziele und der sich daraus ergebenden Bedeutung der einzelnen Verwaltungsakte für das öffentliche Interesse ist die Aufgabenverteilung zwischen Verwaltungsspitze und Verwaltungsbasis zu bestimmen.

Die vorstehend genannten Kriterien der Aufgabenverteilung stellen einen äußeren Orientierungsrahmen dar. Sie stehen zueinander auch in keiner festen Rangordnung. Ihre jeweilige Bedeutung für die einzelnen Handlungstypen der Verwaltung ist in einer Gesamtgewichtung der Übertragungskriterien zu ermitteln.

V. Verwaltung im Aufriß

*Die Handlungstypen der Verwaltung
und ihre Delegationsfähigkeit*

Um zu einer konkreten Festlegung der delegationsfähigen Aufgabenkategorien der Verwaltung zu gelangen, ist es notwendig, alle Handlungstypen der Verwaltung nach den genannten „Delegationskriterien" aufzuschlüsseln.

Generell läßt sich der hier interessierende Aufgabenbereich von öffentlichen Verwaltungen in folgende Handlungstypen aufschlüsseln:

— Planung und Führung

— Vollzugsakte i. e. S.

— Verwaltungsinterne Akte und Vorbereitungshandlungen

Planung und Führung: Bei der planenden Verwaltung sind die Führungsplanung und die Vollzugsplanung zu unterscheiden.

Die Führungsplanung befaßt sich mit der Erstellung von Handlungsprogrammen, mit denen die Zielsetzungen eines Verwaltungsbereiches definiert werden. Aufgeschlüsselt nach den Delegationskriterien bietet die Führungsplanung folgendes Bild: Sie ist gesetzlich nicht bzw. nur sehr elastisch gebunden; sie weist einen hohen Gestaltungsgrad auf, weil von ihr eine Fülle weiterer Verwaltungsakte abhängt; sie greift dadurch mittelbar in die Rechtssphäre des einzelnen und auch anderer Verwaltungsorgane ein; sie ist meist mit großen finanziellen Auswirkungen verbunden; und ihr kommt schließlich im Normalfall eine erhöhte politische Bedeutung zu. Die Entscheidung über die Führungsplanung ist daher dem politisch verantwortlichen Organ vorzubehalten.

Die Vollzugsplanung ist insbesonders für die Raumordnungs- und Umweltschutzverwaltung charakteristisch. Die Vollzugsplanung zerfällt in zwei Phasen:

— Vollzugsplanung unterhalb der Ebene der gesetzlichen Zielbestimmung (Raumordnungspläne, Entwicklungsprogramme, Landschaftsschutzpläne etc.). Sie soll hier als Programmplanung bezeichnet werden.

— Vollzugsplanung unterhalb der Ebene bereits programmierter gesetzlicher Zielvorstellungen (z. B. Bauleitpläne, Durchführungspläne, Sanierungspläne, Abwässerpläne). Sie soll hier als Ausführungsplanung bezeichnet werden.

Die Programmplanung ist wie folgt zu kennzeichnen: Es bestehen zwar zum Unterschied von der Führungsplanung gesetzliche Bestimmungen, die die Grundlage solcher Planungen darstellen, diese sind aber meist sehr elastisch formuliert, sodaß der Verwaltung ein großer Ermessensspielraum bleibt. Ihr Gestaltungsgrad ist in der Regel groß.

5. Die Delegationskriterien

Die Programmplanung nähert sich in ihrer Entscheidungsstruktur der Führungsplanung. Sie ist meist mit großen finanziellen Auswirkungen verbunden und letztlich im allgemeinen auch von hoher politischer Bedeutung. Die Programmplanung ist daher grundsätzlich der direkten Verantwortung der Verwaltungsspitze zu unterstellen. Die Kompetenz der Beamten ist auf Vorbereitungsarbeiten zu beschränken.

Die Ausführungsplanung ist zwar durch vorhergehende Programme eingeengt. Dennoch verbleiben der Verwaltung große Entscheidungsspielräume. Auch die Gestaltungswirkung ist groß. Auf die Rechtssphäre des einzelnen wirkt sie direkt ein. Finanzielle Auswirkung und politische Bedeutung der Ausführungsplanung sind unterschiedlich zu beurteilen. In der Regel wird sie nicht delegierbar sein.

Vollzugsakte im engeren Sinn: Nach ihrem Inhalt lassen sich folgende Typen von Verwaltungsakten unterscheiden:

— Entscheidungen und Verfügungen der ordnenden Verwaltung: Die ordnende Verwaltung greift vornehmlich mit Erlaubnisvorbehalten, Befehlen und notfalls mit unmittelbarem Zwang in die Freiheitssphäre des Menschen ein. Entscheidungen und Verfügungen der ordnenden Verwaltung mit ausreichender gesetzlicher Bindung sind in die Zuständigkeit der unteren Verwaltungsebenen zu übertragen.

— Verwaltungsakte der leistenden Verwaltung (insbesonders Subventionsverwaltung): Ein Kennzeichen der leistenden Verwaltung ist es, daß ihre gesetzlichen Ermächtigungen relativ elastisch formuliert sind. Man wird daher differenzieren müssen:

— Gesetzlich ausreichend gebundene Verwaltungsakte mit leistendem Charakter sind delegationsfähig;

— Bei Subventionsentscheidungen aufgrund von Ermessensnormen ist nach der Höhe der zu vergebenden Subventionen zu unterscheiden. Bis zu einer mit einem ziffernmäßigen Rahmen anzugebenden Höhe sind sie delegationsfähig.

— Verwaltungsakte im Rahmen der Wirtschaftsverwaltung: Die Delegierung wird hier vor allem von den finanziellen Auswirkungen, die mit solchen Verwaltungsakten verbunden sind, abhängen. Auch hier empfiehlt sich eine ziffernmäßige Angabe der Grenze, bis zu der der zuständige Beamte selbständig entscheiden kann.

Verwaltungsinterne Akte und Vorbereitungshandlungen: Alle Handlungen, die der Vorbereitung von Planungs- und Einzelakten dienen, insbesondere Feststellung des Sachverhalts, Auslegung von Rechtsvorschriften, Koordinierung und Beratung sind grundsätzlich delegationsfähig.

6. Der „sachgerechte" Entscheidungsbereich

Ist einmal geklärt, welche Verwaltungsaufgaben überhaupt aus juristischer Sicht auf die Beamtenebene zur selbständigen Entscheidung übertragen werden können, ergibt sich als nächste Frage, die zweckmäßige Gestaltung der Entscheidungsbereiche. Bis jetzt steht nur fest, daß Verwaltungsaufgaben von der Verwaltungsspitze weg verlagert werden sollen. Das Ergebnis dieser Aufgabenzuweisung ist noch offen. Gerade die konkrete Ausstattung von Organen mit Kompetenzen entscheidet aber über die Funktionsfähigkeit der neu zu schaffenden Organisationsstruktur und damit über den Erfolg der Reform.

Zum Problem der Übertragung von Aufgaben nach unten

Das Ausmaß der Delegierung hängt von mehreren, zum Teil widersprüchlichen Gesichtspunkten ab. Geht man vom Leistungsanreiz, also von der Motivierung der Beamten aus, wird man für eine weitgehende Delegierung plädieren. Denn die Arbeitsfreude eines Beamten ist sicher größer, wenn er selbst auch Entscheidungen treffen kann. Dazu kommt ganz allgemein die Notwendigkeit, dem zunehmenden Leistungsdruck der Verwaltung durch Dezentralisierung der Entscheidungsbefugnisse und damit durch die Verlagerung von Verwaltungsaufgaben an die Verwaltungsbasis gerecht zu werden.

Allerdings darf man bei der Auflockerung der Hierarchie nicht ins gegenteilige Extrem fallen. „Delegierungswut" im Sinne einer zu weitgehenden Übertragung von Verwaltungsaufgaben nach unten verbietet sich schon deshalb, weil ja die Führungsverantwortung der Verwaltungsspitze gewahrt bleiben muß. Je mehr Stellen entscheiden dürfen, desto schwerer fällt es, sie zusammenzuhalten. Weiter spricht gegen ein Übermaß an Delegierung auch der Umstand, daß gerade bei der öffentlichen Verwaltung im Interesse des einzelnen Staatsbürgers die Verantwortungsbereiche nicht zersplittert werden dürfen. Einerseits ist dies der Transparenz des Apparates abträglich. Zum anderen ist der Tatsache Rechnung zu tragen, daß Parteien lieber mit dem Behördenleiter sprechen, weil sie sich von ihm eher die Lösung ihres Problems versprechen, als vom untergebenen Mitarbeiter, auch wenn dieser die Entscheidung zu treffen hat. Sicher ist diese Einstellung zum Teil durch den bestehenden hierarchischen Behördenaufbau bedingt. Man wird aber die festgefahrene Vorstellung vom „Oben" und „Unten" der Behörden auch durch organisatorische Änderungen nicht auf einen Schlag beseitigen können.

6. Der „sachgerechte" Entscheidungsbereich

Die konkrete Aufgabenverteilung

Der Kompromiß zwischen der Forderung, Verwaltungsaufgaben weitgehend zu delegieren und dem Bedürfnis, möglichst kompakte Verantwortungsbereiche zu schaffen, muß im Rahmen der konkreten Organisation verwirklicht werden. Allgemeine Ratschläge helfen hier kaum weiter. Daß die Entscheidungsgewalt
— von der Spitze zu jenen Stellen hin verlagert werden muß, die den jeweils anfallenden Problemen am nächsten stehen, leuchtet zwar ein, genauso wie
— daß eine Person jeweils nur einen beschränkten Bereich überblicken und mit voller Verantwortung im Griff behalten kann.

Die entscheidende und durch diese Formulierung natürlich nicht gelöste Frage ist jedoch, wie das optimale Verhältnis zwischen Personen und Problemen organisatorisch hergestellt werden kann. Schon aus dieser letzten Frage ergibt sich, daß die Zweckmäßigkeit, insbesonders Inhalt und Ausmaß eines Entscheidungsbereiches, nicht allein von der Aufgabenseite her bestimmt werden kann, sondern dabei auch die Personalsituation berücksichtigt werden muß: „Eine Aufgabe soll von dem Organ wahrgenommen werden, das dazu nach Struktur, Arbeitsvermögen und Stellung im administrativen und gesamtstaatlichen Gefüge am geeignetsten erscheint. Dementsprechend sollen die Zuständigkeiten vergeben werden. Dies ist eine sehr allgemeine Umschreibung, die im übrigen von der Vorstellung ausgeht, die zur Handlung berufenen Organe beständen schon, während in Wirklichkeit die Einrichtung von Organen und Kompetenzzuweisungen oft und richtigerweise Hand in Hand gehen: Man stattet Organe so aus und schafft ihre Struktur dergestalt, daß sie im Stande sind, die zu vergebenden Zuständigkeiten optimal zu erfüllen[11]."

Die konkrete Zuordnung von Verwaltungsaufgaben an die einzelnen Dienststellen hängt also von einer Vielzahl von organisatorischen Überlegungen ab. Zusammengefaßt geht es um
— die Schaffung überschaubarer und aufgabendeckender Entscheidungsbereiche und
— um den optimalen Einsatz des zur Verfügung stehenden Personals.

Diese Formulierung bildet keine Lösung der konkreten Delegationsprobleme, sondern zeigt nur ihr beherrschendes Spannungsverhältnis auf. Im Detail ergeben sich auch hier alle jene Fragen, mit denen wir uns schon bei der „sachgerechten" Kompetenz beschäftigen mußten.

---
[11] Bericht und Gesetzesentwurf der (Schweizer) Expertenkommission für die Totalrevision des Bundesgesetzes über die Organisation der Bundesverwaltung, 1971, S. 73.

Konkrete Organisationsarbeit läßt sich eben nur zum Teil in allgemeinen Maximen aufschlüsseln — der Rest ist Kunst.

Das Gleichgewicht zwischen Führen und Erledigen

Der koordinative Führungsstil ist vor allem vom Grundsatz beherrscht, daß bei der Verwaltungsspitze die Führungsverantwortung zu konzentrieren ist, während den mittleren und unteren Ebenen der Verwaltung die Handlungsverantwortung zukommt. Dies mag für Organisationen in der Privatwirtschaft durchaus sinnvoll sein, wenngleich auch hier viele „Manager" aus ihren reinen Führungsaufgaben ausbrechen und im „Selbermachen" und den damit verbundenen kurzfristigen Erfolgsmeldungen, ihre berufliche Befriedigung finden. Daß sie gerade dadurch jenen Zeitdruck heraufbeschwören, den sie dann selbst am meisten beklagen, ist eine andere Sache.

In der öffentlichen Verwaltung läßt sich aber die säuberliche Trennung zwischen Führungs- und Handlungsverantwortung auch aus einem anderen Grund nicht zur Gänze durchhalten. Ihre Verwirklichung würde bedeuten, daß die einzelnen Erledigungen der Verwaltung vorwiegend durch die mittleren Ränge unterzeichnet würden, da sich ja die Führungstätigkeit der Verwaltungsspitze nicht in konkreten Erledigungen niederschlagen soll. Der einzelne Bürger wird aber nicht mit dem „Führen", sondern mit dem „Erledigen" konfrontiert. Und viele Behördenleiter haben eben nun einmal ein durchaus verständliches Interesse, daß ihr Name auch unter konkreten Verwaltungsakten aufscheint.

Auch hier ist ein Mittelweg einzuschlagen. Man wird danach trachten, der Verwaltungsspitze ausreichend Gelegenheit zum Führen zu geben, ihr aber darüber hinaus auch einen Zugang zum „Erledigen" offenlassen müssen. Den Verwaltungsspitzen sind also so viele konkrete Entscheidungsbefugnisse zu übertragen, daß ihre Funktion auch nach außen hin plastisch wird, andererseits aber dadurch ihre Führungskapazität nicht verloren geht. Die Führungsspitze soll weder eine reine und damit überflüssige „Postdurchgangsstation" sein, die das kontrolliert, was die Mitarbeiter schon vorbereitet haben, sie soll aber auch nicht nur losgelöst von den Sachkompetenzen koordinieren.

Organisationstechnisch gibt es hiefür zwei Möglichkeiten: Zum einen können aus dem gesamten, grundsätzlich zu delegierendem Aufgabenbereich, dem der Behördenleiter vorsteht, besonders „gewichtige" Verwaltungsaufgaben herausgezogen und ihm zur Entscheidung vorbehalten bleiben. Hier tritt vor allem die Schwierigkeit auf, zu bestimmen, welche Aufgaben eben besonders „gewichtig" sind.

6. Der „sachgerechte" Entscheidungsbereich

Ein anderer Weg ist der, daß man den Behördenleiter zugleich mit der Führung einer Abteilung betraut. Dies setzt natürlich eine entsprechende personelle Unterstützung voraus. Der Vorteil liegt hier darin, daß der Aufgabenbereich einer Abteilung klar umschreibbar ist. Zudem läßt sich auf diesem Weg auch eine Führungskraft einsparen.

Aufgabenverteilung und Koordination

Letztlich wird man auch versuchen, schon durch die Zusammenfügung der einzelnen Verwaltungsaufgaben eine maximale Koordination im Wege der Schaffung der einzelnen Aufgabenbereiche zu verwirklichen. Hier ist allerdings anzumerken, daß dies nur bis zu einem gewissen Punkt möglich ist, denn die kompetenzmäßige Zusammenfügung aller koordinierungsbedürftigen Verwaltungsaufgaben würde in der Regel zu nicht überschaubaren globalen Aufgabenbereichen führen. Im übrigen ist hier ebenfalls auf das Problem der „sachgerechten" Kompetenz zu verweisen. Gerade bei globalen Kompetenzen ergibt sich erst recht das Bedürfnis nach Koordination.

Die Koordination durch Organisation kann also die Koordination durch Verfahren nicht zur Gänze ersetzen. Bei der gesetzlichen Regelung solcher Verfahrensregeln ist allerdings darauf Rücksicht zu nehmen, daß sich diese Koordinationsregeln nicht als Stolperdrähte der Verwaltung erweisen, die von findigen Rechtsanwälten unter dem Aspekt eines Verfahrensmangels ausgenützt werden können. Es empfiehlt sich daher, solche verfahrensmäßige Koordinationsregeln vor allem auf den verwaltungsinternen Bereich zu beschränken.

Ist trotz dieser Vorkehrungen der Informationsfluß zwischen den einzelnen Stellen des Apparates nicht gewährleistet, kann man auch versuchen, Einrichtungen zu schaffen, die vornehmlich der Kommunikation und damit der Koordination dienen. In der Verwaltungspraxis nehmen die Kommissionen, Projektgruppen und Arbeitsteams immer mehr überhand — ein Zeichen, daß sowohl die Koordination im Rahmen der Linienorganisation immer schwieriger wird, als auch die Möglichkeiten beschränkt sind, Aufgaben mit Querschnittscharakter, insbesondere Planungen, im Rahmen sektoral abgegrenzter Aufgabenbereiche zu lösen.

Linie und Stab

Der zunehmende Informationsbedarf und die dadurch bewirkte Überlastung der mit den Leitungs- und Ausführungsaufgaben betrauten Linienstellen hat auch zu einer vorübergehenden Blüte des Stabsgedankens in der öffentlichen Verwaltung geführt. So zweckmäßig es in der Theorie auch scheint, die Aufgabe des „Nachdenkens" oder besser des „Vordenkens" der Linie abzunehmen und sie „vor der Klammer" zu organisieren, so wenig hat dies in der Praxis Erfolg gebracht, dafür umso mehr Reibungen verursacht. Die Rivalität von Stab und Linie hat mehrere Ursachen; ihr Verhältnis leidet vor allem an Gleichgewichtsstörungen: Entweder wird die Liniensubstanz entleert, wenn die Stäbe Einfluß auf die Entscheidung gewinnen, oder der Stab „verhungert", weil die Linie die notwendigen Informationen nicht preisgibt.

Hinter diesem Sachproblem verbirgt sich aber auch ein (personal-) politisches Tauziehen. Da die Stäbe außerhalb der Hierarchie stehen, werden sie oft auch mit „Außenseitern" besetzt. Viele dieser „Berater" haben einen direkten Zugang zur politischen Führungsspitze und mediatisieren so die Linienbeamten. Das schafft Unfrieden und Eifersucht, zumal das Personal der Linie nur schwer im Stab Aufnahme findet. Gelingt es dennoch, ist der Weg zurück oft noch schwerer, weil die freie Stelle schon wieder besetzt ist. Fast zwangsläufig entwickeln sich Stab und Linie immer mehr zu „Gegenreichen" — der Aufwand für Intrigen übersteigt den für Koordination.

VI. Verwaltungsmanagement als Verfahrensproblem

1. Effizienzkontrolle in der Verwaltung?

Der Leiter der Verkaufsabteilung einer Schuhfabrik wird befördert, wenn die von ihm erzielten Absatzziffern der Konkurrenz davonlaufen. Geht die Zahl der Inserate bei einer Zeitung zurück, so wird wahrscheinlich der zuständige Ressortchef entlassen werden. In beiden Fällen läßt sich aus der Gewinn- und Verlustrechnung leicht ablesen, ob der Mitarbeiter Erfolg hat, ob er also die ihm übertragenen Unternehmensziele erfüllt.

„Bösartige" Probleme und „gutmütige" Öffentlichkeit

Bei der öffentlichen Verwaltung, insbesondere im Rahmen der Hoheitsverwaltung, ist eine solche objektive Effizienzkontrolle nur in Grenzen möglich. Sicher, die Verwaltung soll wirtschaftlich geführt werden; der wirtschaftliche Erfolg selbst ist aber nicht das einzige Ziel der Verwaltung. Auch dort, wo durchaus wirtschaftliche Ziele angepeilt werden, wie z. B. beim Bau einer Straße oder bei der Ausführung eines Wohnbauprogramms, wird das einfache Verhältnis von Aufwand und Erfolg durch politische, soziale, kulturelle etc. Interessen kompliziert. Systemanalytiker sprechen in diesem Zusammenhang von abstrakten Systemen, in die die Verwaltung eingebunden ist und die der Grund dafür sind, daß die Probleme der Verwaltung größtenteils „bösartig", d. h. also nicht quantifizierbar sind.

Es soll freilich vorkommen, daß die „Bösartigkeit" der Probleme der Verwaltung als Ausrede für mangelnde Leistung oder blanke Fehlentscheidungen dient. Solange sich die Erfolge oder Mißerfolge der Verwaltung im Rahmen des Alltäglichen halten, fallen sie niemandem auf. Da es für die Effizienz der Verwaltung keinen objektiven Maßstab gibt, gibt es auch keinen objektiven Richter. Und mit dem „kleinen" Unbehagen, daß hin und wieder die Öffentlichkeit an ihrer Verwaltung überkommt, hat diese schon längst gelernt zu leben. Nur Katastrophen, wie z. B. Zugzusammenstöße, Seilbahnunglücke, Verkehrschaos, Stromausfall etc., führen kurzfristig zu größeren Erschütterungen im Verwaltungsapparat. Können solche unliebsamen Vorkommnisse nicht „planiert" werden, d. h. läßt es das Ausmaß der Katastrophe nicht zu, einen einzelnen Beamten dafür verantwortlich zu machen, werden sie politisiert. Das bedeutet, daß die Effektivität des Apparates nur mehr in zweiter Linie zur Diskussion steht, primär aber das Prestige der politisch verantwortlichen Partei.

Meist vertretbar, aber nicht immer erfolgreich

Was für die Verwaltung im Gesamten gilt, gilt auch für den einzelnen Beamten. Ob ein Beamter gut oder schlecht arbeitet, kann nur bedingt aus der Zahl und dem Inhalt seiner Bescheide ermessen werden. Steuerbescheide sind eben einmal nicht gut oder schlecht, sondern nur richtig oder falsch. „Richtig" oder „falsch" bedeutet dem Gesetz entsprechend oder gesetzwidrig. Ihr Maßstab ist daher nicht der Erfolg, sondern die Norm.

Ob ein Flächenwidmungsplan eine sinnvolle zukünftige Siedlungsentwicklung gewährleistet wird sich erst in eben dieser Zukunft entscheiden. Wenn nicht gerade eklatante Koordinierungsmängel auftauchen, wie z. B. die Projektierung eines militärischen Sperrgebietes in einem Naturschutzgebiet oder die Trassierung einer Straße mitten durch ein Wasserschutzgebiet, läßt sich jede Planung meistens irgendwie vertreten. Ist sie vom Standpunkt des Umweltschutzes aus schlecht, ist sie vom Standpunkt der Arbeitsbeschaffungspolitik gut und umgekehrt. Der Planer selbst bleibt jedenfalls außerhalb der Schußlinie.

Sicher, es gibt auch noch andere Maßstäbe für die Verwaltung, so z. B. die „Raschheit" der Verwaltung. Wenn auf Ansuchen eines Bürgers erst nach einem Jahr eine entsprechende Erledigung erfolgt, dann liegt es nahe, bei den hiefür verantwortlichen Stellen Funktionsmängel anzunehmen. Für solche Fälle hat die Verwaltung probate Abwehrmittel. Sie kann geltend machen, daß dieser Fall besonders schwierig war oder daß seine Erledigung vom Handeln einer anderen Behörde abhängig war, sei es, daß erst von einer anderen Stelle „sachdienliche" Erhebungen durchgeführt werden mußten, sei es, daß eine andere Behörde an der Erledigung mitwirken mußte.

Aus allen diesen Beipielen wird deutlich, daß der Erfolg der Verwaltung und der Erfolg der einzelnen Beamten sich nicht einfach aus der Erfüllung der ihnen vorgegebenen Ziele bemessen läßt. Die für das Verwaltungsmanagement unabdingbare Erfolgskontrolle muß daher auf anderen Wegen bewirkt werden.

2. Verwaltungsmanagement und Verfahrensregeln

Wie soll man nun gewährleisten, daß eine Verwaltung „gut" funktioniert, wenn ihre Funktionsmängel nur zum Teil durch eine Erfolgsrechnung aufgedeckt werden können? Unter „gut" wird hier verstan-

2. Verwaltungsmanagement und Verfahrensregeln

den, daß die Verwaltung, d. h. die verantwortlichen Entscheidungsträger, die ihr vom Gesetzgeber vorgegebenen Ziele gerecht, wirtschaftlich und schnell erfüllt.

Durch die Regel zum Erfolg

Jede Tätigkeit läßt sich nach zweierlei Kriterien bestimmen: Entweder durch den von ihr bewirkten Erfolg oder danach, ob die für sie bestehenden Regeln eingehalten wurden. Da der Erfolg für die Verwaltung nur zum Teil aussagekräftig ist, ist es notwendig, das Verhalten der Verwaltung zu formalisieren: Man schafft für die Beziehungen der einzelnen Verwaltungsstellen ein Verfahren, in der Erwartung, daß bei einer regelgerechten Funktionsweise auch die angepeilten Verwaltungsziele optimal erfüllt werden. Neben die Effizienzkontrolle tritt also die Beachtung der Regel. Der Verwaltungsbeamte handelt nicht (nur) deshalb gut, weil ihm der Erfolg recht gibt, sondern er hat (auch) Erfolg, weil er die Regel beachtet.

Regeln prägen den Stil

Es liegt wohl an der heutigen Dominanz der Sozialwissenschaften, daß soviel vom Verhalten oder vom Stil die Rede ist. Man beschreibt die Merkmale eines koordinativen Führungsstils, wie gemeinsame Meinungs- und Konsensbildung, Kollegialität, wechselseitige Beratung, Offenlegung von Motiven, Konfliktlösung durch Gespräche, gemeinsames Planen etc. Man analysiert die allgemeinen Voraussetzungen und Anforderungen, wie gleiches Bildungsniveau zwischen Führung und Geführten, geistiger Aufgeschlossenheit, Beweglichkeit, Kraft des Vertrauens, Verzicht auf persönliche Vorrechte[1]. Und man hofft, daß sich solch ein Stil bald in allen Amtsstuben durchsetzen wird.

Reformer sollen allerdings nicht hoffen, sondern gestalten. Und gestalten kann man nicht, indem man ein Verhalten beschreibt, sondern indem man es regelt. Was das Verwaltungsmanagement betrifft, so sind neben den organisatorischen Voraussetzungen, also der Aufgabendelegierung, eben auch Verfahrensregeln notwendig. Erst mit ihrer Erlassung steht die Organisation. Die Verfahrensregeln sind das Korsett, das dem Führungsstil erst Halt verleiht. So gesehen haben koordinative Verfahrensregeln eine zweifache Funktion: Sie schaffen Maßstäbe und prägen den Stil.

---

[1] *Laux*, Führungsverhalten und Führungsstil, in: Handbuch der Verwaltung (hrsg. v. Becker und Thieme), Heft 5.7, 1974, S. 14.

VI. Verwaltungsmanagement als Verfahrensproblem

Was tritt an die Stelle der Weisung?

Jeder Verwaltungsapparat besteht aus mehreren Verwaltungsebenen. Solange man — wie im historischen Modell — ausschließlich von der Weisung als Führungsmittel ausgeht, bringt diese Vielschichtigkeit des Verwaltungsbaus keine besonderen Probleme mit sich. Je höher die Ebene, desto mehr Verwaltungstellen sind ihr weisungsmäßig untergeordnet. Die Verwaltungsspitze führt mit der Weisung und den daraus abgeleiteten Befugnissen: dem Recht, eine Sache an sich zu ziehen, dem Aufsichtsrecht, dem Recht, eine Entscheidung anzuhalten und zur Überprüfung rückzuverweisen, der Befugnis zum Aufheben einer Entscheidung und schließlich der Befugnis zur Verhängung von Maßnahmen wegen Verletzung von Rechts- und Ordnungsprinzipien[2]. Die Verwaltungsspitze hat alle Verwaltungstellen unter sich und garantiert damit zugleich — zumindest im Modell — ein Zusammenwirken aller dieser Ebenen der Verwaltung.

In einem auf selbständigen Entscheidungsbereichen aufbauenden Verwaltungssystem ist die Verknüpfung zwischen den einzelnen Verwaltungsebenen nicht so einfach herzustellen. Der geteilten Verantwortung entspricht auch die geteilte Führung. Die Verwaltungsspitze hat zwar allgemeine Zielformulierungskompetenzen und Führungsmittel, jedoch nicht mehr die ausschließliche Anordnungs- oder Kontrollkompetenz. Denn mit der Verlagerung von Aufgaben nach unten ist notwendig auch eine Verlagerung von Führungsmitteln nach unten verbunden. Wer in einer Sache entscheidet, muß auch die Möglichkeit haben, die ihm zugeteilten Mitarbeiter zu führen. Und gerade diese konkrete Anleitung tritt als Führungsmittel oft weitaus stärker in Erscheinung als die allgemeinen Zielvorstellungen, die die Führungsspitze äußert.

Die koordinative Führung kann nur dann eine Verbesserung der Verwaltung insgesamt bringen, wenn es gelingt, das durch die Zurückdrängung der Weisung entstehende Vakuum, verfahrensmäßig wieder aufzufüllen. Verwaltungsmanagement bedeutet nicht Führungslosigkeit, sondern stellt im Gegenteil erhöhte Anforderungen an die Führungstechnik. Verwaltungsmanagement auf die Bürokratie übertragen bedeutet letztlich auch die Kontrolle der ins „Informale" hinübergleitenden Entscheidungsprozesse. Bemühungen in dieser Richtung dienen daher nicht nur der Effizienz, sondern auch der Durchsichtigkeit und damit Rechtsstaatlichkeit der Verwaltung — alles Werte, die den erforderlichen verfahrensmäßigen Aufwand als angemessen erscheinen lassen.

---

[2] *Thieme*, Verwaltungslehre, 1967, S. 88 ff.

Die Führungsebenen der Verwaltungspyramide

Konkrete Überlegungen zu einem koordinativen Verwaltungsverfahren können nur an Hand einer konkreten Organisation angestellt werden. Hiebei ist es — zumindest was die grundsätzlichen Verfahrensbezüge betrifft — unerheblich, welche Ziele diese Organisation verfolgt. Maßgeblich ist nur die Aufgabenverteilung im Rahmen dieser Organisation.

Im folgenden soll von einer vierschichtigen Verwaltungspyramide ausgegangen werden. Die gesamte Verwaltung soll nach dem Ressortprinzip gegliedert sein. Die einzelnen Ressorts sind in Ämter unterteilt, die wiederum in Abteilungen gegliedert sind. Im Rahmen der Abteilungen sind einzelne Referate eingerichtet. Entsprechend dazu ergibt sich der Aufbau des Verwaltungspersonals: An der Spitze steht der Ressortleiter, dann folgen die Amtsleiter, Abteilungsleiter, Referatsleiter und sonstigen Mitarbeiter.

Diese Gliederung entspricht dem typischen Behördenaufbau in Österreich. Daß die Bezeichnung der einzelnen Organe verschieden ist, tut nichts zur Sache. Die Ressortleiter mögen Minister, Landesrat, Bürgermeister, Stadtrat etc. heißen, ihre Funktion ist immer dieselbe: Oberste Leitungsgewalt verbunden mit der politischen Verantwortung. Auch die Gliederung der Ressorts in einzelne Ämter, sei es, daß diese unter der Leitung eines Sektionschefs, eines Hofrates, eines Senatsrates etc. stehen, ist allgemein üblich. Nicht berücksichtigt wurde hier der Umstand, daß die einzelnen Ämter auf Landes- und Gemeindeebene selbst wiederum in der Landesamtsdirektion bzw. in der Magistratsdirektion zusammengefaßt sind. Die grundsätzliche Verfahrensproblematik bleibt nämlich hiebei dieselbe.

Letztlich ist auch die Untergliederung der Ämter in Abteilungen und Referate allgemein üblich. Hier stauen sich die Räte und Oberräte und erklimmen die Sekretäre und Kommissäre die ersten Sprossen ihrer Karriere.

3. Die einzelnen Führungsinstrumente

Das Wesen der koordinativen Führung liegt in der Begrenzung der Einwirkungsmöglichkeiten von einer Stufe zur anderen des Verwaltungsapparates. Dadurch unterscheidet sie sich von der direktiven Führung, wo die Durchsetzung des Befehls oder der Weisung von oben durch keine selbständigen Aufgabenbereiche beschränkt wird und daher auch der Gehorsam „absolut" ist. Die Begrenzung der Befehlsmittel ist die Voraussetzung für eine koordinative Verwaltungsführung. Denn nur dort, wo nicht mehr unbegrenzt befohlen werden kann, ergibt sich für den „Vorgesetzten" die Notwendigkeit, in kollegialer Weise für eine funktionsgerechte Verwaltungsführung zu sorgen.

Nochmals sei betont, daß Begrenzung der Befehlsmittel nicht Steuerlosigkeit bedeutet. Auch und gerade eine koordinative Verwaltungsführung setzt ausreichende Führungsinstrumente voraus, „die den Apparat im Innersten zusammenhalten", also für eine Koordination der arbeitsteiligen Prozesse sorgen.

Die Rechte und Pflichten des Ressortleiters

Im Sinne der koordinativen Verwaltungsführung kann und muß der Ressortleiter bestimmte Gruppen von Angelegenheiten an die ihm unterstehenden Beamten zur selbständigen Entscheidung übertragen. Durch die Delegation und die damit verbundene Approbationsbefugnis wird der Beamte ermächtigt, Entscheidungen im delegierten Bereich auch mit Wirkung nach außen zu fällen. Strittig ist, ob es sich hiebei um eine „überwälzende" oder „echte" Delegation handelt, bei der der Delegierende die Zuständigkeit zur Wahrnehmung der übertragenen Kompetenz verliert[3]. Dagegen spricht zweierlei: Einmal, daß der „delegierte" Beamte seine Entscheidungen mit Wirkung nach außen im Namen des Ressortleiters zu fällen hat. Jede Behörde bildet eine organisatorischen Einheit und die einzelnen Organe sind nur unselbständige Bestandteile dieser Einheit. Dem entspricht, daß jeder Beamte unter der Bezeichnung der Behörde, der er angehört, zu firmieren hat[4]. Zum anderen läßt es sich mit der politischen Verantwortung des Ressortleiters nicht vereinbaren, daß er für die Zukunft vollständig aus dem delegierten Aufgabenbereich ausgeschlossen wird. Hier nun liegt der Kernpunkt der Führung im Mitarbeiterverhältnis. Denn wie schon früher ausgeführt, bestimmt das Maß an politischer Verantwortlichkeit zugleich das Maß an Eingriffsmöglichkeiten und Eingriffsintensität. Koordinative Verwaltungsführung soll nicht dazu führen, daß sich die Verwaltungsspitze ihrer Verantwortung entzieht, sondern dazu, daß die Verantwortung zwischen dem Ressortleiter und dem „delegierten" Beamten geteilt wird.

Welche Führungs- und Eingriffsmöglichkeiten verbleiben nun dem Ressortleiter? Zunächst einmal die Möglichkeit, Führungsrichtlinien zu erlassen, mit denen die Zielvorstellungen der einzelnen Dienststellen definiert werden. Die vom Ressortleiter erlassenen grundsätzlichen Führungsrichtlinien sind von den einzelnen Behördenleitern näher zu verdeutlichen. In anschaulicher Form wird dieser Vorgang z. B. in der

---

[3] *Wolff / Bachof*, Verwaltungsrecht II, 4. Auflage, 1976, S. 25.
[4] *Rasch*, Probleme der Bürokratie der öffentlichen Hand, Verwaltungsarchiv 1976, S. 211 ff., S. 225.

3. Die einzelnen Führungsinstrumente

Geschäftsordnung des Bundesministeriums für Inneres[5] geregelt: „Den Sektionen werden vom Bundesminister Ziele gesetzt. Allen anderen Organisationseinheiten sind vom nächsthöheren Vorgesetzten lang- und kurzfristige Ziele vorzugeben und Schwerpunkte in der Aufgabenstellung zu setzen. Sie haben sich im Rahmen der vom Bundesministerium für Inneres zu vollziehenden Rechtsvorschriften, der Geschäftseinteilung und der Geschäftsordnung des Bundesministeriums für Inneres sowie der den höheren Organisationseinheiten vorgegebenen Ziele zu halten (‚Zielkaskade'). Das Ziel soll möglichst kar, eindeutig, leicht faßlich und derart formuliert werden, daß festgestellt werden kann, ob auf Grund der Arbeitsresultate das Ziel erreicht worden ist. Die Ziele der Organisationseinheiten als Ganzes und der einzelnen Mitarbeiter sollen vom nächsthöheren Vorgesetzten gemeinsam mit den Mitarbeitern einvernehmlich festgelegt werden. Der die Ziele Setzende soll auch für das „Instrumentarium" sorgen, das die Zielerreichung möglich macht. Er hat stets zu prüfen, ob einerseits die Tätigkeit seiner Mitarbeiter der Zielverwirklichung dient und ob andererseits das Ziel geändert oder angepaßt werden muß, um den übergeordneten Zielen optimal zu entsprechen."

Neben der Richtlinienbefugnis ist dem Ressortleiter auch die Befugnis einzuräumen, in die konkrete Sachentscheidung des Mitarbeiters einzugreifen. Diese Eingriffsmöglichkeit ist allerdings auf Ausnahmefälle zu beschränken. Denn ein bedingungsloses Selbsteintrittsrecht hebt die koordinative Führung auf. Ein „Ausnahmefall" wird vor allem bei Pflichtwidrigkeit des Mitarbeiters oder bei fehlerhaften Entscheidungen vorliegen. Es ist klar, daß es sich hiebei um gravierende Mängel handeln muß, weil ja eine zu weitherzige Auslegung des Begriffs „Ausnahmefall" zugleich die Eingriffsmöglichkeiten ins Uferlose erweitert. Der Eingriff kann von einer konkreten Sachanweisung bis zur Kassation einer bereits getroffenen Entscheidung reichen. Wird aus den genannten Gründen ein Eingriff in den übertragenen Entscheidungsbereich wiederholt notwendig, so kann als ultima ratio die Delegation selbst rückgerufen werden. Mit dem Rückruf der Delegation ist zugleich der Entzug der Approbationsbefugnis verbunden.

Die Führungsrichtlinie und die konkrete Sachanweisung in Ausnahmefällen bilden die Führungsmittel des Ressortleiters. Auf sie hat sich auch die Kontrolle zu beschränken. Pannen im Apparat, die nicht in diesen Rahmen fallen, sind auch vom Ressortleiter nicht zu verantworten.

---
[5] Zl. 8513/19-2/74.

VI. Verwaltungsmanagement als Verfahrensproblem

*Die Rechte und Pflichten
der Amtsleiter und Abteilungsleiter*

Daß Aufgaben nicht beliebig nach unten delegiert werden können, wurde schon gesagt. In einem größeren Verwaltungsapparat werden sich daher meist nur die Amtsleiter und die Abteilungsleiter eines selbständigen Entscheidungsbereiches erfreuen können. Die genannten Stellen machen aber nur einen verschwindenden Teil des gesamten Verwaltungspersonals aus. Sie sind lediglich die erweiterte Spitze der Verwaltungspyramide. Die Verteilung der Entscheidungsbefugnis sagt daher nichts über die Verteilung der Arbeitslast aus. Das Funktionieren des Verwaltungssystems hängt aber nicht nur von der Verteilung der Entscheidungsbefugnis, sondern weitaus mehr von der Verteilung der Arbeitslast ab. Erstere schafft Verantwortung, letztere Leistung. Die entscheidungsbefugten Beamten sind daher genötigt, im Rahmen ihres Entscheidungsbereiches Aufgaben weiter zu delegieren. Mit dieser Delegation ist aber keine Entscheidungsbefugnis verbunden. Es handelt sich also jedenfalls um eine „unechte" Delegation von Aufgaben. Erledigungen in diesem Rahmen haben nur Wirkung im Innenverhältnis. Sie richten sich daher nur andere Stellen des Apparates und sind im eigenen Namen zu zeichnen.

Grundsätzlich kann eine solche Approbationsbefugnis im Innenverhältnis sowohl vom Amtsleiter als auch vom Abteilungsleiter verliehen werden. Es kann allerdings zu internen Problemen kommen, wenn der Amtsleiter über den Kopf des Abteilungsleiters hinweg auf die Mitarbeiter delegiert. Andererseits wird mit einer solchen Regelung eine gewisse Objektivität der Aufgabenverteilung erreicht. Für die Abteilungsleiter könnte die Einräumung einer Delegationsbefugnis unter Umständen eine gewisse Belastung bedeuten, weil sie meist in einem engen Naheverhältnis zu den Mitarbeitern stehen.

Selbstverständlich wird der Amtsleiter vor der Übertragung der Aufgaben an die Mitarbeiter die Stellungnahme der zuständigen Abteilungsleiter einholen. Er wird sie auffordern, Vorschläge, insbesonders unter Berücksichtigung der Qualifikation des jeweils in Rede stehenden Mitarbeiters zu erstatten. Erweist sich dennoch im Nachhinein, daß die Übertragung der Aufgaben nicht zweckmäßig war, so ist es Aufgabe des Abteilungsleiters, diesen Zustand abzustellen. Er wird in Wahrnehmung seiner Verantwortung den Amtsleiter auf die Mißstände hinweisen und wenn dies nichts nützt, dem Ressortleiter entsprechende Vorstellungen unterbreiten.

Die Amtsleiter und die Abteilungsleiter sind verpflichtet, die ihnen übertragenen Aufgaben selbständig und eigenverantwortlich zu besorgen. Die Verantwortung für den zu besorgenden Geschäftsbereich um-

3. Die einzelnen Führungsinstrumente

faßt insbesonders auch die sachgemäße Besorgung von Planungs- und Führungsaufgaben, die Vorbereitung und Vornahme der Erledigung, die Wahrnehmung der Entscheidungspflicht und die Pflicht zur Beratung der von den Erledigungen betroffenen Personen.

Was die Führungsaufgaben im besonderen betrifft, so haben die Amts- und Abteilungsleiter die Verpflichtung,

— dafür zu sorgen, daß ihre Mitarbeiter fachlich und führungsmäßig ihren Aufgaben gewachsen sind. Sind die diesbezüglichen Bemühunden vergeblich, so ist nach Kontaktnahme mit dem Ressortleiter und der Personalvertretung eine Umbesetzung vorzunehmen;

— ihre Mitarbeiter in ihrem Bereich grundsätzlich eigenverantwortlich und eigeninitiativ handeln zu lassen;

— ihren Mitarbeitern bei Bedarf befristete Ziele zu setzen und sie gegebenenfalls an geänderte Verhältnisse anzupassen;

— jeder ungerechtfertigten Rückdelegation von Verantwortung entgegenzutreten und

— sich mit den Vorschlägen ihrer Mitarbeiter auseinanderzusetzen.

Die unmittelbare Verantwortung für die Geschäftsführung der Mitarbeiter trägt der Abteilungsleiter. Er ist daher befugt, den Mitarbeitern für ihre Geschäftsführung schriftliche oder mündliche Weisungen zu erteilen, in die Geschäftsführung und in die schriftlichen Aufzeichnungen der Mitarbeiter Einsicht zu nehmen, die Bearbeitung eines einem Mitarbeiter übertragenen Geschäftes an sich zu ziehen und Erledigungen des Mitarbeiters aufzuheben oder abzuändern. Solche Eingriffe in den Geschäftsbereich der Mitarbeiter sollten allerdings die Ausnahme bleiben. Kommt ein Mitarbeiter zu der begründeten Überzeugung, daß der Abteilungsleiter ohne triftige Gründe in seinen Geschäftsbereich eingreift und bleiben seine Vorstellungen gegenüber dem Abteilungsleiter erfolglos, so ist ihm die Möglichkeit einzuräumen, dies dem Amtsleiter zu melden. Auf Grund einer solchen Meldung hat der Amtsleiter zu prüfen, ob der Geschäftsbereich des Mitarbeiters zu ändern ist, ob der Mitarbeiter noch die erforderliche Eignung für die von ihm zu besorgenden Geschäfte besitzt und ob der Abteilungsleiter seinen Leistungspflichten nachkommt.

Im besonderen kommt dem Amtsleiter die Pflicht zu, die allgemeinen Richtlinien des Ressortleiters für die Abteilungen zu erläutern und in Zweifelsfällen für ihre Anwendung im Einzelfall eine eindeutige Entscheidung zu treffen. Darüberhinaus hat er durch Abteilungsleiterbesprechungen die Geschäftsführung der einzelnen Abteilungen aufeinander abzustimmen.

Die Abteilungsleiter sind verpflichtet, den Amtsleiter über den ihnen übertragenen Geschäftsbereich am laufenden zu halten. Erledigungen außergewöhnlicher Art sind dem Amtsleiter zur Genehmigung vorzulegen. Ist ein Abteilungsleiter nicht imstande, die ihm übertragenen Geschäfte sach- und zeitgerecht zu erledigen oder weigert er sich beharrlich, die Richtlinien des Amtsleiters zu befolgen, so hat dieser dies dem Ressortleiter zu melden.

Die Rechte und Pflichten der Mitarbeiter

Die Mitarbeiter sind berechtigt und verpflichtet,

— die ihnen übertragenen Aufgaben gemäß den erteilten Richtlinien selbständig und eigenverantwortlich zu besorgen. Kommt ein Mitarbeiter zur Überzeugung, daß die seinen Aufgabenbereich betreffenden Entscheidungen oder Weisungen seines Abteilungsleiters die Zielerreichung wesentlich gefährden können, so ist er berechtigt und verpflichtet, sich nach erfolglosen Hinweisen bei seinem Abteilungsleiter beim Amtsleiter zu beschweren;

— alle außergewöhnlichen Fälle ihrem Abteilungsleiter zur Entscheidung vorzulegen;

— ihren Abteilungsleiter unaufgefordert über den ihnen delegierten Bereich zu informieren, wobei eine Totalinformation grundsätzlich abzulehnen ist.

Vom Verfahren zum Führungsstil

Die Artikulierung der koordinativen Verwaltungsführung in klar umrissenen Rechten und Pflichten ist Voraussetzung für ein funktionierendes Verwaltungsmanagement. Die Arbeit eines Verwaltungsreformers besteht insbesonders darin, diese allgemeinen Grundsätze an die Besonderheiten der jeweiligen Organisation anzupassen. Sicher ist allerdings, daß ein koordinativer Führungsstil nicht allein durch rechtlichen Zwang erreicht werden kann. Die Erläuterungen zur schon erwähnten Geschäftsordnung des Bundesministeriums für Inneres 1974 umschreiben die für die koordinative Verwaltungsführung erforderliche Grundeinstellung wie folgt: „Das neue Führungskonzept verlangt vom Vorgesetzten eine gewisse Verzichtshaltung, ein Zurücktreten hinter die Aufgabe, aber auch ein Zurücktreten hinter die Mitarbeiter. Es setzt voraus, daß der Vorgesetzte seinen Mitarbeitern vertraut, auf ihre Bedürfnisse eingeht und sie innerhalb ihres Delegationsbereiches grundsätzlich selbständig handeln und entscheiden läßt. Damit ist klargestellt, daß Delegation nicht im Abgeben der unwichtigen oder unangenehmen Aufgaben oder im Abschieben von Verantwortung auf die Mitarbeiter besteht. Die neue Führungsmethode verlangt vom Mitarbeiter die Übernahme von Verantwortung und damit von Risiken, die Bereitschaft, sich kontrollieren zu lassen und zur Entgegennahme von Kritik." Ist diese beiderseitig notwendige Bereitschaft nicht vorhanden, so wird auch eine noch so ausgefeilte koordinative Verfahrensordnung in der Praxis scheitern.

VII. Gedanken zum Personalbedarf und zur Personalplanung

1. Der Alptraum der Reformer

Ein Reformer hat in mühevoller Kleinarbeit alle Details des Apparates erhoben, die einzelnen Zuständigkeiten sachgerecht geordnet und ein Konzept für die Übertragung von Verwaltungsaufgaben ausgearbeitet. Er hat weiters im Gespräch mit Beamten oder durch eigene Überlegungen erkannt, daß die Verwaltung sich bisher um wichtige Aufgaben noch nicht oder nicht ausreichend gekümmert hat. Er hat das Amt für Raumordnung und Entwicklungsplanung neu organisiert, weil eine rationale Politik auf objektiven Planungsdaten fußen muß; er hat die sozialen und psychologischen Beratungsstellen der Verwaltung ausgebaut, weil dies ein dringendes Erfordernis der Wissenschaft ist; er hat das Fremdenverkehrsamt personell aufgestockt, weil der Fremdenverkehr für die Wirtschaft so bedeutend ist; er hat ein neues Rechnungsamt geschaffen, weil die Verwaltung wirksam kontrolliert werden muß. Den gesamten Organisationsplan hat der Experte in Stellenbeschreibungen umgesetzt und daraus den Stellenplan entwickelt.

Mit diesem Reformkonzept geht er zu seinem Auftraggeber. Dieser blättert das Konvolut nur flüchtig durch und konzentriert sich auf die letzte Seite und dort auf zwei Ziffern: Den Ist-Stand und den Soll-Stand des Personals. Er sieht, daß die Verwirklichung der Reform eine Personalaufstockung um 20 % erfordern würde. Er lächelt unverbindlich und versperrt das Reformkonzept in der Schublade. Am Abend verkündet er in einer Wählerversammlung, daß die angekündigte Verwaltungsreform schon sehr weit gediehen sei, daß man aber noch weitere Experten beiziehen müsse. Und im übrigen — das habe auch der erste Bericht bestätigt — könne man mit den bisherigen Leistungen der Verwaltung zufrieden sein.

2. Verwaltungsreform und Personalkosten

Eine Verwaltungsreform darf nicht nur „sachgerecht" sein, sie muß vor allem kostensparend sein. Eine Reform, die die Personalkosten aufbläht, wird vom Politiker vor der Öffentlichkeit nicht zu verantworten sein. Denn die Öffentlichkeit beurteilt die Verwaltung nicht so sehr danach, ob sie ihre Aufgaben „gut" erfüllt — dies wird als selbstverständlich vorausgesetzt —, sondern nach den Kosten, die sie verursacht.

Der Stellenplan und damit der ermittelte Soll-Stand an Personal bildet daher den Prüfstein jeder Verwaltungsreform.

Warnung vor „Aufgabenperfektionismus"

Gewiß muß die Ermittlung des Personalbedarfs einer Verwaltung von den Verwaltungsaufgaben ausgehen und versuchen, diese mit Hilfe von Stellenbeschreibungen und Stellenbewertungen in objektive Größen aufzuschlüsseln. Das allein genügt aber nicht. Ein „realistischer" Stellenplan muß immer auch die Personalkosten im Auge behalten. Vor allem ist zu verhindern, daß durch einen „Aufgabenperfektionismus", d. h. dem Bestreben, alle Verwaltungsaufgaben optimal zu erfüllen, eine Personalexplosion herbeigeführt wird. Dies auch um den Preis, daß Verwaltungsaufgaben beschnitten werden müssen oder ihre optimale Erfüllung hintangestellt werden muß, wenn dies auf der Personalseite zu sehr zu Buche schlägt.

Es ist verständlich, daß der Versuch der Beschränkung der Personalkosten den Reformer ins Schußfeld einzelner Beamter und möglicherweise auch der Personalvertretungen bringt. Er muß sich z. B. sagen lassen, daß er die Wichtigkeit der Planung nicht erkannt habe, weil er das dafür vorgesehene Amt personell unterbewertet habe. Sicher, ein integriertes Planungssystem benötigt viele Beamte. Aber sind die Kosten dafür vertretbar, wenn von Seiten der Politiker keinerlei Bereitschaft besteht, sich dieses Systems zu bedienen, weil sie sich bei ihren Aktionen lieber freie Hand wünschen? Die Politiker werden einen solchen Grund freilich nicht eingestehen, sondern werden im Gegenteil auf die hohen Personalkosten hinweisen. So bleibt eben nichts anderes übrig, als die Planungsstelle auf dem vorgegebenen Personalstand einzufrieren. Die Alternative dazu wäre, sie gänzlich aufzulösen. Aber auch das geht nicht, weil in jedem modernen Verwaltungsapparat die Planung zumindest dem Namen nach aufscheinen muß, auch dann, wenn die von ihr gelieferten Konzepte politisch nie Fuß fassen. Sicher, diese Kompromisse sind nicht schön, aber sie bilden die Realität der Verwaltung und damit auch die Realität der Verwaltungsreform.

Der Ist-Stand des Personals als Orientierungsmarke

Der mit einer Verwaltungsreform verbundene Personalbedarf darf also den Ist-Stand an Personal nicht allzusehr übersteigen. In einer personell gesättigten Verwaltung wird er sogar darunter liegen müssen. Und welche Verwaltung ist heute nicht schon „personell gesättigt", zumindest vom Standpunkt der das Budget bindenden Personalkosten aus gesehen.

Der Ist-Stand ist also die magische Zahl, an der sich die Ermittlung des Personalbedarfs — im Interesse der Verkaufbarkeit der Reform — zu orientieren hat. Jedem Experten ist daher zu raten, sich zunächst den Ist-Stand des Personals einzuprägen, bevor er mit der „objektiven" Erstellung der Stellenpläne beginnt. Gelingt es, den Ist-Stand durch Rationalisierungsmaßnahmen zu unterschreiten, so heißt das nicht, daß das betreffende Personal freigesetzt werden kann. Die Durchforstung der Personalstände mit dem „eisernen Besen" bleibt wohl ein Wunschtraum einzelner Rationalisierer. Es wird zwar ungern zugegeben, aber die Verwaltung hat im Zeichen des Sozialstaates auch Fürsorgefunktionen nach innen wahrzunehmen. D. h., sie schleppt einzelne Beamte mit, obwohl sie nicht gebraucht werden. Dieser Tatsache muß sich auch der beste Rationalisierer beugen oder seine Vorstellungen landen in der Schublade. Er kann nur versuchen, frei werdendes Peronal auf unterbesetzte Stellen zu verteilen, was aber auch meist auf große Widerstände stößt.

Der Soll-Stand als Schranke der Personalvermehrung

Warum soll man sich dann überhaupt bemühen, den Personalbedarf eines Verwaltungsapparates objektiv zu ermitteln, wenn ohnehin die gewachsenen Personalstände schwer zu umgehen sind? Zum einen, weil schon der „kleine" Erfolg der Einsparung einzelner Dienstposten diese Mühe lohnt. Zum anderen, weil in jeder Verwaltung zu jeder Zeit der Wunsch nach mehr Beamten laut wird. Gelingt es „nur", den Personalstand trotz steigender Verwaltungsleistungen einzufrieren, dann hat eine Verwaltungsreform ihr Ziel auch schon erreicht. Liegen „wissenschaftliche" Personalschätzungen vor, dann haben die politisch Verantwortlichen ein wirksames Instrument in der Hand, um den Forderungen nach Personalvermehrung zu begegnen. Vorausgesetzt, daß sie sich dieses Instrumentes auch tatsächlich bedienen wollen und nicht zur Hebung ihres eigenen Prestiges möglichst viele neue Schreibtische schaffen wollen.

3. Die Stellenbeschreibung

Die Stellenbeschreibung enthält die Aufschlüsselung der den einzelnen Verwaltungsstellen zugewiesenen Verwaltungsaufgaben in Tätigkeiten. Sie stellt die Grundlage einer objektiven Ermittlung des Personalbedarfs dar. Die genaue Festlegung der einzelnen Verwaltungsaufgaben ist darüber hinaus ganz allgemein die wichtigste Voraussetzung für eine koordinative Verwaltungsführung. Denn daraus ergibt sich erst der genaue Umfang an Rechten und Pflichten und damit an Verantwortung des jeweiligen Stelleninhabers.

3. Die Stellenbeschreibung

Zum Problem der Feststellung der Verwaltungsaufgaben

Tätigkeiten von Verwaltungsstellen können nur beschrieben werden, wenn Klarheit über deren Aufgaben besteht. Hiefür sind in erster Linie die Verwaltungsgesetze maßgebend. Diese enthalten jedoch oft nur einzelne, sehr weitmaschig formulierte Verwaltungsziele, die für die konkreten Verwaltungsaufgaben zwar einen äußeren Rahmen bilden, sie jedoch inhaltlich kaum bestimmen. Je allgemeiner die Verwaltungsaufgaben in den Gesetzen formuliert sind, desto schwieriger ist ihre Umsetzung in Tätigkeiten und damit in eine Stellenbeschreibung.

Die gesetzlich vorgegebenen Verwaltungsaufgaben stellen meist nur Orientierungsnormen für die Stellenbeschreibung dar. In ihrem Rahmen ist der zielführende Verwaltungsgang zunächst allgemein zu bestimmen und sodann auf die zur Verfügung stehenden Verwaltungsstellen aufzuteilen. Theoretisch sind zwar die Zuordnung von Verwaltungsaufgaben und die Stellenbeschreibung zu unterscheiden, praktisch wird aber die Aufgabendelegierung und die Stellenbeschreibung Hand in Hand erfolgen. Indem man die Stellen beschreibt, weist man zugleich die Aufgaben zu.

Die Stellenbeschreibung muß im Einklang mit der Verwaltungspraxis stehen. Es hat wenig Sinn, theoretische Erörterungen über notwendige Verwaltungsaufgaben anzustellen, auch wenn sie durch die gesetzlichen Verwaltungsziele gedeckt wären. Solche Erörterungen sind wirklichkeitsfremd und führen auch zu wirklichkeitsfremden Stellenbeschreibungen.

Die Stellenbeschreibung gründet einerseits auf dem Gesetz, andererseits auf der Analyse der gesetzesbezogenen Verwaltungsrealität. Je allgemeiner die Gesetze das Verwaltungshandeln bestimmen, desto größere Bedeutung nimmt die Beobachtung der Verwaltungsrealität bei der Stellenbeschreibung ein. Das „schöpferische" Moment bei der Stellenbeschreibung liegt in der konkreten Zuordnung der Aufgaben bzw. Tätigkeiten zu den einzelnen Verwaltungsstellen. Wie schon ausgeführt geht es hier nicht nur um „sachgerechte" Lösungen, sondern um Lösungen, die im Einklang mit dem zur Verfügung stehenden Personal stehen.

Gesetzlich nicht geregelte Verwaltungsaufgaben

Ein besonderes Problem ist dort gegeben, wo für bestimmte Verwaltungsaufgaben überhaupt keine Gesetze vorhanden sind bzw. erst zum Teil vorliegen. Das ist gerade bei „jungen" Verwaltungen nicht selten der Fall. Auch für diese Bereiche muß natürlich eine Stellenbeschreibung erarbeitet werden. Soweit dafür schon Gesetzesentwürfe oder politische Vorstellungen vorliegen, wird man auf diese zurückgreifen. Im übrigen kann man nur versuchen, solche „weiße" Flecken nach zweckmäßigen organisationstechnischen und „sachgerechten" Gesichtspunkten zu ordnen und einer zumindest vorläufigen Stellenbeschreibung zuzuführen. Diese Stellenbeschreibung ist sodann nach Maßgabe erlassener Gesetze zu revidieren. Solche vorläufige Stellenbeschreibungen können auf die nachfolgenden gesetzlichen Bestimmungen einen großen Einfluß ausüben. Die Verwaltungsreform übernimmt insofern auch rechtspolitische Funktionen. Sicher erschwert aber eine mangelhafte gesetzliche Fassung einer Verwaltung die Erarbeitung eines funktionsgerechten Verwaltungsorganisationskonzeptes in nicht unbeträchtlichem Ausmaß.

Die Technik der Stellenbeschreibung

Die Stellenbeschreibung dient sowohl der Aufgabenzuordnung als auch der Quantifizierung der damit verbundenen Arbeitsanforderungen. Aus beiden Anliegen ergeben sich für die Form der Stellenbeschreibung widersprüchliche Konsequenzen. Was die Aufgabenzuordnung betrifft, muß bei der Umsetzung von Verwaltungsaufgaben in Tätigkeitsinhalte darauf Bedacht genommen werden, daß sich die einzelnen Verwaltungsstellen in ihrer faktischen Arbeitsweise an die, trotz Gleichbleibens gesetzlicher Zielsetzungen ändernden Verwaltungsbedürfnisse anpassen können. Durch eine zu punktuelle Beschreibung der Tätigkeitsinhalte kommt es zu einer Erstarrung der Verwaltung, oder aber, die einzelnen Verwaltungsorgane sind gezwungen, den Rahmen der ihnen vorgeschriebenen Tätigkeiten zu verlassen. Die Stellenbeschreibung entspricht dann nicht mehr der Realität und kann insofern auch ihrer zweiten Funktion — der Quantifizierung der Arbeitsanforderungen — nicht mehr gerecht werden.

Eine zu punktuelle Tätigkeitsbeschreibung ist auch deshalb nicht sinnvoll, weil die Zerlegung, ja Zersplitterung einzelner Handlungen in kleine und kleinste Tätigkeitselemente vom organisationstechnischen Standpunkt aus fruchtlos ist. Natürlich zerfällt, arbeitsanalytisch gesehen, die Erlassung eines Bescheides in eine Summe von Realhandlungen, angefangen von eingehenden Sachverhaltsanalysen, Auslegung der entsprechenden Gesetze, über die Anhörung der Parteien bis zu den mit der Ausfertigung verbundenen Schreibarbeiten. Alle diese Realhandlungen sind aber nur Hilfstätigkeiten, die in der Formulierung, „Erlassung eines Bescheides" enthalten sind. Die Verwaltungsaufgabe ist damit hinreichend klar umschrieben; ihre weitere Analyse ist Gegenstand der Stellenbewertung.

Bei einer Stellenbeschreibung ist aber auch das Gegenteil der Tätigkeitszersplitterung, eine zu globalisierende Beschreibung, die sich im wesentlichen auf die Widergabe der gesetzlichen Bestimmungen beschränkt, zu vermeiden. In diesem Fall ist es nämlich nicht möglich, den bei den einzelnen Stellen anfallenden Arbeitsaufwand zu quantifizieren und den entsprechenden Personalbedarf im Stellenplan festzulegen.

Die Stellenbeschreibung hat die Mitte zwischen einer punktuellen, auf den status quo bezogenen Tätigkeitsschilderung und einer bloßen Angabe der Verwaltungsziele einzuhalten. Sie darf nicht zu einer Erstarrung des Verwaltungsganges führen, aber auch nicht durch eine bloße Angabe von Verwaltungszielen eine Quantifizierung des Arbeitsaufwandes unmöglich machen.

Der Inhalt der Stellenbeschreibung

Die Stellenbeschreibung soll jedenfalls enthalten:

— Die Stellenbezeichnung;

— Den Katalog der zu besorgenden Verwaltungsaufgaben, aufgeschlüsselt nach Tätigkeitsursachen;

— Die Rechte und Pflichten des Stelleninhabers;

— Die Angabe, wem die Stelle untersteht und wem sie vorgesetzt ist. Eine solche Angabe kann unterbleiben, wenn ein gesamter Stellenplan vorliegt, da sich daraus ohnehin die organisatorische Einbindung der betreffenden Stelle ergibt.

— Die Angabe, wer den Stelleninhaber zu vertreten hat und welche Pflichten zur Stellenvertretung ihn selbst treffen.

4. Die Stellenbewertung

Die Stellenbewertung ist „ein Verfahren, mit dem die Besoldungsstruktur überprüft und neu geordnet werden soll. Es soll damit erreicht werden, daß für gleichwertige Tätigkeiten die gleiche Bezahlung gewährt wird[1]." Durch die Stellenbewertung werden also die in der Stellenbeschreibung ausgewiesenen Verwaltungstätigkeiten im Hinblick auf die zur Verfügung stehenden Dienststellenkategorien gewichtet. Durch die Stellenbewertung soll verhindert werden, daß z. B. ein als Akademiker eingestufter Beamter, B-wertige Tätigkeiten verrichtet.

---

[1] *Seewald,* Dienstpostenbewertung, in: Handbuch der Verwaltung, Heft 5.4, 1974, S. 1.

Dienststellenfestlegung durch Stellenbewertung

Durch die Stellenbewertung sollen „die einzelnen Arbeitsanforderungen bei jedem Dienstposten zunächst für sich" untersucht werden[2]. Diese Formulierung vereinfacht das Problem einer Verwaltungsreform. Denn hier geht es ja meist nicht nur darum, bestehende Dienstposten in eine neue und gerechte Besoldungsstruktur einzufügen, sondern darum, aufgabengerechte Dienstposten erst zu schaffen. In diesem Fall müssen daher die einzelnen Dienststellen erst im Wege einer Stellenbewertung festgelegt werden. Die einzelnen Verwaltungsaufgaben sind also nach ihren Arbeitsanforderungen zu gewichten und im Hinblick auf die einzelnen Laufbahngruppen, die natürlich im vorhinein abstrakt feststehen müssen, zu bewerten. Streng genommen handelt es sich also hier nicht um eine Dienststellenbewertung, sondern um eine Dienststellenfestlegung auf Grund einer vorangegangenen Stellenbewertung. Für die Ermittlung des Stellenplans eines Verwaltungsapparates sind dementsprechend zwei Operationen nötig: Die Gewichtung der Verwaltungsaufgaben und die Umsetzung in Dienststellen.

Die Stellenbewertung als Mittel zur Feststellung des Personalbedarfs

Grundlage der Festlegung der Dienststellen und damit der Ermittlung des Personalbedarfs bildet die detaillierte Stellenbeschreibung, d. h. also die Aufschlüsselung der Verwaltungsaufgaben in Tätigkeitsinhalte. Anknüpfend an diese Stellenbeschreibung erfolgt sodann eine, jede einzelne Tätigkeit erfassende, analytische Stellenbewertung. Für jede einzelne Tätigkeit wird nach vorgegebenen Bewertungsfaktoren ein Teilurteil gebildet, das summiert mit den übrigen Bewertungsurteilen, schließlich zu einem Gesamtbewertungsresultat führt[3].

Anknüpfungspunkt für die Stellenbewertung ist nicht die einzelne Verwaltungsstelle, sondern die Verwaltungsaufgabe. Die Bewertung der Aufgabe führt zu den „Stellen". Es geht also nicht darum, festzustellen, welche Anforderungen z. B. an den Leiter der Abteilung für Jagd- und Fischerei gestellt werden, sondern darum, den Aufgabenbereich „Jagd und Fischerei" zu bewerten und sodann die nötigen Dienststellen zu ermitteln.

Die stellenmäßige Aufschlüsselung von Verwaltungsaufgaben bringt gerade bei der koordinativen Verwaltungsführung eine besondere

---

[2] Arbeitskreis Dienstpostenbewertung: Bericht zur Einführung einer einheitlichen praktikablen Bewertung der Dienstposten im öffentlichen Dienst, in: Studienkommission für die Reform des öffentlichen Dienstrechts, Band X, 1973, S. 381 ff., S. 391.

[3] Vgl. dazu *Seewald*, Dienstpostenbewertung, S. 2 ff.

Schwierigkeit mit sich. Das Problem liegt in der Quantifizierung der Führungsverantwortung. In der konkret erfaßbaren Erledigung z. B. eines Referatsleiters liegt ja zugleich ein, in der Sacherledigung nicht zu Tage tretendes Stück Führungsarbeit seines Vorgesetzten. Auch diese Tätigkeit muß sich im Personalbedarf niederschlagen. Sie kann sich nur niederschlagen, wenn die Stellenbewertung die Stellen nicht isoliert betrachtet, sondern zugleich den Zusammenhang mit der jeweiligen Verwaltungsaufgabe herstellt, weil sich erst daraus der gesamte erforderliche Umfang der Tätigkeit ergibt.

Zum Zusammenhang von Stellenbewertung und Aufgabenverteilung

Aus dem Gesagten ergibt sich, daß schon bei der Stellenbeschreibung, also bei der Aufgabenverteilung, danach getrachtet werden muß, die einzelnen Aufgaben so zu gliedern, daß sie sinnvoll in Tätigkeiten und damit in Dienststellen umgesetzt werden können. Es hat keinen Sinn, Referate — auch wenn sie von der Sache her gerechtfertigt wären — zu bilden, die nur einen halben oder zweieinhalb Referenten ausfüllen. Die Aufgabenverteilung beruht daher nicht nur auf sachlichen Überlegungen, sondern auch auf personellen. Mit der Aufteilung einzelner Verwaltungsaufgaben auf Ämter, Abteilungen und Referate ist daher zugleich stets eine Vorentscheidung über den notwendigen Personalbedarf verbunden. Die Stellenbewertung kann sich sodann damit begnügen, den mit den einzelnen Aufgaben verbundenen Personalbedarf im Stellenplan explizit zu machen und ihn vom Tätigkeitsinhalt her zu begründen.

Die Bewertungsmaßstäbe

Der Bewertung der einzelnen Tätigkeiten können insbesondere folgende Maßstäbe zugrunde gelegt werden:
— Erforderliche Grundkenntnisse
— Erfahrung
— Tragweite und Verbindlichkeit des Handelns
— Verantwortung für Mitarbeiter (Führungsverantwortung)

Es ist klar, daß Maßstäbe wie Erfahrung oder Verantwortung für Mitarbeiter, nur in Grenzen quantifizierbar sind. In der Praxis ist es daher sinnvoll, sich nicht nur auf die oben angeführten Bewertungsmaßstäbe zu verlassen, sondern bei der Ermittlung des Personalbedarfs auch auf die Vorstellungen der einzelnen Beamten Bedacht zu nehmen. Daß nicht zuletzt der Ist-Stand eine wesentliche Orientierungsgröße ist, wurde bereits ausgeführt.

5. Gedanken zur leistungsgerechten Beamtenlaufbahn

Der Angelpunkt der Verwaltungsreform sind die Personalkosten. Es sollte daher selbstverständlich sein, daß der Einsatz des Personals planvoll erfolgt. Erste Voraussetzung dafür ist eine objektive Ermittlung des Personalbedarfs, und damit die Durchführung von Stellenbeschreibungen und Stellenbewertungen. Kennt man den Bedarf, so ist die nächste Frage, wie man diesem Bedarf am besten gerecht wird. Dazu wiederum muß das bereits zur Verfügung stehende Personal danach beurteilt werden, welche Leistungen es in den bisher ausgeübten Funktionen erbringt (Leistungsbewertung) und ob es seinen leistungsrelevanten Eigenschaften nach geeignet ist, neu zu schaffende Dienstposten zu besetzen (Verwendungsbeurteilung)[4]. Ergibt sich solcherart ein personeller Fehlbedarf in quantitativer oder qualitativer Hinsicht, sind Mittel zur Beschaffung von Personal von außen aber auch zur Entwicklung des internen Angebotes durch Aus- und Fortbildung zu entwickeln.

Personalplanung in der Praxis

Soweit die Theorie. In der Praxis erfolgt die Rekrutierung des Personals kaum jemals nach objektiven Kriterien. Von Planung kann überhaupt nicht die Rede sein. Es gibt nur wenig Amtsleiter, die bei der Frage nach der „Personaldecke" nicht ständig auf die drückende Personalnot hinweisen. Und noch weniger Amtsleiter sind von sich aus bereit, eine Personalverminderung vorzunehmen, wenn dies von der Aufgabenseite her gerechtfertigt wäre. Dies ist auch verständlich, geht doch — unter dem allgemeinen Sparsamkeitsappell der Verwaltung — der Neubesetzung von Dienststellen meist ein Kampf bis aufs Messer voraus. Wer eine „Personalreserve" hat, schützt sie mit allen Mitteln vor Versetzungen. Dies gelingt ihm meist schon deshalb, weil mangels einer objektiven Bedarfsermittlung, objektive Gründe für eine Abschöpfung des Personalüberhangs nicht bestehen. Damit schließt sich der verhängnisvolle Kreis zwischen nicht vorhandener Dienstpostenbeschreibung, also objektiver Bedarfsermittlung und dem unkontrollierten Wachsen der Personalkosten im öffentlichen Dienst.

Die Dienstbeurteilung

Die mangelnde Kontrolle über das Personalwesen zeigt sich nicht nur im großen, sondern auch im kleinen. Abgesehen davon, daß das Problem der Verwendungsbeurteilung — zumindest in Österreich —

---

[4] Siehe *Siepmann*, Bedarfsdeckung, in: Handbuch der Verwaltung, Heft 5.5, 1974, S. 2 f.

über den Dunstkreis der Experten noch nicht hinausgelangt ist, liegt auch die Leistungsbewertung, also die berüchtigte Dienstbeurteilung im Argen. Die Beurteilung eines Beamten hängt ausschließlich von seinem mittelbaren oder unmittelbaren Vorgesetzten ab. In der Beurteilung schlägt sich daher weniger die Leistung des Beamten als die Zuneigung oder Ablehnung seines Vorgesetzten nieder. Wer unter dem Jahr mit seinen Mitarbeitern auf dem „Du-Fuß" steht, kann am 31. Jänner nur schwer die Funktion einer objektiven Beurteilungsinstanz übernehmen. Die Folge davon sind zum Teil überschießende Kritik, zum größeren Teil aber die sogenannten „Gefälligkeitsbeurteilungen".

Der mit den Beurteilungen verbundene Personalaufwand steht also in keinem Verhältnis zum angestrebten Erfolg. Viele Vorgesetzte haben deshalb resigniert. Für sie ist die Beurteilung eine lästige Pflicht, die allein unter dem Aspekt der Karriere des zu Beurteilenden gesehen wird. Da solcherart die Beurteilung ohnehin keine Differenzierung unter den Mitarbeitern schafft, begnügt man sich oft auch damit, die Beurteilungen des Vorjahres zu wiederholen. In Einzelfällen soll es vorkommen, daß die Dienstbeurteilungen auch von den Sekretärinnen verfaßt werden.

Auch jene Beurteiler, die eine objektive Beurteilung anstreben, werden oft gezwungen, eine bessere Gesamtbeurteilung, als sie objektiv vertretbar hielten, zu erteilen, wollen sie die ihnen untergebenen Beamten gegenüber jenen Kollegen nicht schlechter stellen, für die ein „gütiger" Vorgesetzter notorisch die Höchstpunktezahl vergibt. Durch diese Umstände nähert sich die Dienstbeurteilung immer mehr ihrem Planfond, nämlich dem Gesamtkalkül „hervorragend" und verliert dadurch jegliche Bedeutung.

Bestrebungen, diese Situation zu ändern, sind auch in Österreich im Gange[5]. So versucht man, durch eine genaue Bestimmung der Beurteilungsfaktoren eine objektive Leistungsbewertung zu erreichen. Die derzeit zur Debatte stehenden Kriterien wie Arbeitsergebnis, Fachkenntnisse, Pflichterfüllung, Arbeitsfreude, organisatorische Fähigkeiten, Verhalten, Ausdruck, Auffassungsgabe, Selbständigkeit, Urteilsfähigkeit, Temperament, Spannkraft, etc., scheinen zumindest zum Teil dazu geeignet. Problematisch sind lediglich jene Kriterien, die einer objektiven Beurteilung kaum zugänglich sind, wie Arbeitsfreude, Temperament, Spannkraft, etc. Auch will man vom System der periodischen, meist jährlichen Dienstbeurteilungen wegkommen und sie nur mehr vornehmen, wenn der Beamte während längerer Zeit den im allge-

---

[5] Siehe Schreiben des Bundeskanzleramtes v. 5. März 1975, GZ 9200029/ 1-II/1/75 betr. Erster Abschnitt eines Bundesgesetzes über das Dienstverhältnis der Bundesbeamten; Leistungsfeststellung.

meinen erzielbaren angemessenen Arbeitserfolg durch besondere Leistungen erheblich überschreitet oder trotz Ermahnung nicht aufweist. Letztlich soll der Vorgesetzte über die Leistung nur berichten, während eine unabhängige Kommission die Beurteilung vornehmen soll. Diese Vorschläge sind sicher begrüßenswert. Leider scheinen sie derzeit politisch nicht realisierbar zu sein.

Das Ersitzungsprinzip

Fehlende Personalplanung und Irrationalität des Beurteilungssystems sind die äußeren Gründe für den gemächlichen Trab des Beamtenschimmels. Ein wesentlicher innerer Grund liegt darin, daß der Beamte nach dem herrschenden Laufbahnsystem kaum angespornt wird, sich besonders anzustrengen, weil dies für sein Fortkommen nur geringfügig ins Gewicht fällt. Der Beamte „erreicht" nicht die nächsthöhere Sprosse seiner Karriere, sondern er „ersitzt" sie. Die Karrieresprossen werden solcherart zu Altersrängen. Jeder Beamte durchläuft die ihm zugänglichen Dienstränge entsprechend der Dauer seines Dienstverhältnisses, unabhängig davon, ob er im Vergleich zu seinen Kollegen seine Arbeit besser oder schlechter verrichtet. Es bedarf keiner besonderen Begründung, daß der automatische Aufstieg in höhere Positionen und die damit verbundenen Gehaltserhöhungen, im gesamten gesehen, äußerst leistungshemmend wirken. Die unterdurchschnittlichen Beamten sehen keinen Anlaß, ihre Leistungen zu erhöhen, die überdurchschnittlichen Beamten resignieren nur allzuoft angesichts der Ungerechtigkeit des Systems.

Leistungsorientierte Stellenpläne als Reformziel

Es grenzt daher fast an ein Wunder, daß sich viele Beamte dennoch für ihren Beruf voll einsetzen. Auf Wunder sollte man aber nicht immer hoffen; es wäre deshalb höchste Zeit, das Aufstiegssystem grundsätzlich zu erneuern und insbesonders mit dem „Ersitzungsprinzip" zu brechen. Hier nun kommen wir zu einem Kernpunkt jeder Verwaltungsreform: Die Erhöhung der Leistung der Beamten ist nicht sosehr eine Frage von Appellen, Schulungen und Motivationen, sondern eine Frage der Stellenpläne: Sie bilden die Magna Charta der Beamtenkarrieren.

Die Stellenpläne müssen aufstiegsorientiert sein. D. h., die einzelnen Laufbahnen müssen so gruppiert sein und die Voraussetzungen für die Erreichung der einzelnen Laufbahnen müssen so gestaltet sein, daß für den einzelnen Beamten ein Anreiz zu besonderer Leistung besteht. Gerade dies ist eine der schwierigsten Aufgaben der Verwaltungsreform. Voraussetzung einer leistungsmotivierenden Personalplanung ist einmal, daß die obersten Ränge des Stellenplanes nicht allein durch „Ersitzung" erreicht werden können. Dies wiederum kann nur dadurch geschehen, daß man neben der Zeitlaufbahn auch eine Funktionslaufbahn einführt. Die Zeitlaufbahn umschließt jenen Teil der Laufbahn, der von allen Beamten im Sinne des „Ersitzungsprinzips" erreicht wird. Für den Zugang zur Funktionslaufbahn muß das „Leistungsprinzip" maßgeblich sein.

Die Differenzierung von Zeit- und Funktionslaufbahn muß sich auch im Entlohnungsschema niederschlagen. Danach hätte jeder Beamte für seine Tätigkeit ein Grundgehalt zu bekommen, das im Sinne des Ersitzungsprinzips bis zu einer gewissen Höhe steigt. Übernimmt der Beamte eine Funktion, die über der Grundverwendung liegt, dann kommt er auch in den Genuß der Funktionsabgeltung. Mit anderen Worten: Es werden jene Beamte belohnt, die sich durch ihre hochwertige praktische Tätigkeit und eventuell auch durch Absolvierung von Verwaltungsfortbildungslehrgängen für die Übertragung einer Funktion anbieten.

Zum Verhältnis von Zeit- und Funktionslaufbahnposten

Entscheidend für das Funktionieren dieses Systems ist die Anordnung der Zeit- bzw. Funktionslaufbahn. Daß sie eine Stellenbewertung voraussetzt, ist selbstverständlich. Problematisch bleibt aber auch dann noch die Frage des Verhältnisses zwischen Zeit- und Funktionslaufbahn. Wird der Eintritt in die Funktionslaufbahn zu sehr begünstigt oder sind zu viele Dienststellen der Funktionslaufbahn im Verhältnis zur Zeitlaufbahn vorhanden, besteht neben der Schmälerung des „Leistungssockels", die Gefahr, daß die Beamten zu schnell nachrücken und daher in den unteren Rängen ein Vakuum entsteht. In vielen Verwaltungen ist zu bemerken, daß zwar die höheren Stellen personell gut ausgepolstert sind, an unteren Stelleninhabern aber Mangel leidet. Soll eine solche Verwaltung trotzdem funktionieren, müssen eben die „oberen" Stellen zu niederrangigen Aufgaben herangezogen werden. Der Ingenieur, der den Wasserstand abliest, oder der Betriebswirt, der feststellt, ob ein Beherbungsbetrieb mit Fließwasser ausgestattet ist, sind — aus der Praxis entnommene — Beispiele dafür.

Ist die Funktionslaufbahn gegenüber der Zeitlaufbahn stellenmäßig unterdotiert oder werden — was in der Praxis allerdings kaum vorkommt —, die Voraussetzungen für die Erlangung einer Funktionsstelle zu hoch angesetzt, dann führt dies wiederum zu einer Entmutigung unter den Beamten. Viele ziehen dann ein ruhiges „Ersitzen" den risikoreichen Anstrengungen eines Aufstiegs in die Funktionslaufbahn vor.

Eine optimale zahlenmäßige Relation zwischen Zeitlaufbahn- und Funktionslaufbahnposten anzugeben, ist kaum möglich. Als allgemeine Faustregel kann man im Rahmen der Spitzenlaufbahn von einem Verhältnis von ¹/₄ Funktionslaufbahnposten und ³/₄ Zeitlaufbahnposten ausgehen. Wie immer man sich bei einer Reform einer konkreten Verwaltung auch entscheidet, dem Zwiespalt zwischen abstrakten Leistungsforderungen und konkreten Drohungen der Personalvertretung wird man sich kaum entziehen können.

Zum Zusammenhang von Leistungslaufbahn und Aufgabenverteilung

Die Schaffung leistungsgerechter Laufbahnen ist keinesfalls nur ein dienst- oder besoldungsrechtliches Problem. Im Gegenteil: Es rührt an der Grundstruktur der Verwaltung und ist im engen Zusammenhang mit der Übertragung von Aufgaben zu sehen. Die Schaffung von selbständigen Entscheidungsbereichen kann daher nicht nur unter dem Gesichtspunkt der Aufgabenbewilligung, sondern muß auch vom Standpunkt der damit geschaffenen Funktionsstellen gesehen werden. In der Regel werden Stellen, die mit selbständiger Entscheidungsbefugnis verbunden sind, zugleich auch Funktionsstellen sein. Wichtig ist aber, daß die Delegierung nach unten nicht bei der Funktionslaufbahn aufhört, sondern zumindest auch die oberen Ränge der Zeitlaufbahn mit umfaßt. Jene Stellen, mit denen schon selbständige Entscheidungsbefugnisse verbunden sind, die aber noch durch Zeitablauf erreichbar sind, bilden das wichtige Rekrutierungsfeld für die Anwärter der Funktionslaufbahn. Ihrem Ziel greifbar nahe, werden sie die Chance der fachlichen Bewährung wahrnehmen und ihre Leistung verdoppeln.

„Führungskräfte"

Sind sie endlich „oben" angelangt, sollen sie natürlich nicht auf ihren Lorbeeren ausruhen. Hier beginnt ein heikles Thema der Personalpolitik: Wer kontrolliert und qualifiziert die Vorgesetzten? Es mag sein, daß es einen „strukturell bedingten Mangel an Führungskräften"[6] auch in der öffentlichen Verwaltung gibt. Das Problem liegt nur darin, daß dieser objektive Mangel von eben diesen Führungskräften selbst erkannt werden muß. Und wer springt schon gern über seinen eigenen Schatten? Die Verwaltungsspitze fühlt sich meist personell autark. Daran scheitern — von Ausnahmefällen abgesehen — meist auch alle Versuche, Bewerber von außen mit Führungsaufgaben zu betrauen. Auch Versuche, „Beamte auf Zeit" einzuführen, stoßen in der Verwal-

---

[6] *Siepmann*, Bedarfsdeckung, S. 1.

5. Gedanken zur leistungsgerechten Beamtenlaufbahn

tung auf wenig Gegenliebe. Denn jeder erfolgreiche „Außenseiter" besetzt einen Platz an der Sonne, den die Anwärter der unteren Ränge eifersüchtig bewachen. Dies ist zwar menschlich verständlich, aber zugleich der Grund dafür, warum allgemeine Ausschreibungen von lukrativen Dienstposten nur halbherzig betrieben und die Bedingungen meist so formuliert werden, daß sie ohnehin nur ein Bewerber mit „Stallgeruch" erfüllen kann.

VIII. Das magische Dreieck der Verwaltungsreform

Reform ist ein großes Labyrinth, an dessen Ende wenig Punkte, dafür umso mehr Fragezeichen stehen. Wer eindeutige Aussagen liebt, wird das Thema der Reform nicht besonders schätzen. Definitionen, an denen er sich anhalten kann, wird er nur wenig finden. Sicher: Die optimale Gestaltung der Organisation im Hinblick auf die zu bewältigenden Aufgaben kann als Ziel jeder Verwaltungsreform angegeben werden. So „richtig" diese Feststellung auf dem Papier auch sein mag, so wenig sagt sie für die Praxis aus.

1. Theorie und Realität

Geht man von eben dieser Praxis aus, dann wird man sich hüten, die Reform der Theorie zu überantworten. Fakten lassen sich zwar in der Theorie in Reih' und Glied zwingen. Und jeder Theoretiker ist von dem Drang beseelt, das ihm vorgegebene Material zu ordnen, zu systematisieren, als „sinnvolles" Ganzes zu begreifen. Nur so „beherrscht" er den Stoff.

Dieses theoretische Joch bewirkt aber nur vordergründige Glätte; darunter bleiben „spannungsvolle" Unordnung und Widerspruch. Beides bricht auf, wenn man das Sicherheitsnetz der Theorie verläßt und mit der Realität unmittelbar konfrontiert wird. Reformern bleibt dies keinesfalls erspart. Deshalb bedeutet Reformieren vor allem, die Unordnung und den Widerspruch zu akzeptieren und — im Falle des Erfolges — zu beherrschen. Entzieht sich der Reformer der Realität, entzieht er sich zugleich der Substanz der Reform. Seine theoretischen Rezepte bleiben Worthülsen, die nicht einmal die oberste Problemschicht der Reform ankratzen, geschweige denn sich zu Maßnahmen verdichten.

2. Kompetenz, Befugnis, Personal

Die Verwaltungsreform verwirklicht sich im Dreitakt von Kompetenz, Befugnis und Personal. Es sind dies die drei Hauptelemente jeder Organisation, die zugleich den Widerspruch der Reform begründen. Jedes dieser drei Elemente trägt eine innere Logik in sich. Und bei isolierter Betrachtung kann diese innere Logik auch zum Klingen gebracht werden. Wie Kompetenzen gegliedert, Befugnisse auf die einzelnen Verwaltungsebenen verteilt und der Personalbedarf gemessen werden kann — all das wurde versucht, in diesem Buch darzustellen. Der innere Problemkern der Verwaltungsreform wird dadurch aber noch immer nicht erreicht. Denn es geht nicht nur darum, Kompetenzen, Befugnisse und das Personalwesen in sich schlüssig zu ordnen, sondern die Verträglichkeit jedes dieser Elemente zu den komplementären Elementen zu schaffen. Die abstrakte Einrichtung von Entscheidungsebenen ist sinnlos, wenn das entsprechende Personal, das die Entscheidungsbefugnisse auch handhaben kann, nicht vorhanden ist. Die sachgerechte Gliederung der Verwaltung ist sinnlos, wenn das Personal dadurch überfordert wird. Diese Beispiele machen den „Widerspruch" der Reform deutlich und erklären zugleich die Notwendigkeit des mehrdimensionalen Denkens des Reformers. Dieses Denken führt nicht zur Hervorhebung eines Gestaltungsprinzips, was notwendigerweise die Vernachlässigung der anderen bedeutet, sondern zur Verwirklichung eines magischen Dreiecks der Verwaltungsreform. Es geht im letzten darum, die Realisierung der Prinzipien so zu temperieren, daß sie der Organisation ihren Stempel aufdrücken, ohne zugleich das Lebensrecht der anderen zu schmälern.

— Die kompetenzmäßige Gliederung der Verwaltung hat sich zwar vorrangig nach den zu besorgenden Sachaufgaben zu richten. Sie hat aber auch das zur Verfügung stehende Personal zu berücksichtigen und insbesonders zu trachten, daß den einzelnen Beamten „kompakte" Entscheidungsbereiche zugewiesen werden.

— Die Zuweisung von Entscheidungsbefugnissen hat zwar von den abstrakten Übertragungskriterien auszugehen, zugleich aber auch die bestehende personelle Kapazität der einzelnen Dienststellen und die übrigen Strukturprinzipien der Organisation zu berücksichtigen.

— Die Personalplanung richtet sich zwar in erster Linie nach den zu bewältigenden Aufgaben; neben dieser Bedarfsdeckung im engeren Sinn ist aber insbesondere bei der Eingliederung des Personals in die einzelnen Laufbahngruppen, auch das Ziel einer leistungsorientierten Aufstiegsordnung durchzusetzen. Dies wiederum kann nur gelingen, wenn Laufbahn und Entscheidungsbereiche aufeinander abgestimmt werden.

Die Kenntnis vom magischen Dreieck der Verwaltungsreform liefert zugleich auch die Begründung, warum die Verwaltungsmaximen entweder nichtssagend oder in sich widersprüchlich sein müssen. Nichtssagend sind sie dann, wenn sie die Organisationsrealität so abstrahieren, daß darin auch die Reformwidersprüche aufgehen. Widersprüchlich werden sie in dem Maße, in dem sie sich der Organisationsrealität nähern. Dann hören sie aber auch auf, handhabbare Maximen zu sein.

3. Das Ziel ist wenig, der Weg viel

Verwaltungsreform verlangt Logik im Detail und Intuition im Zusammenfügen. Verwaltungsreform ist die hohe Schule des Kombinierens. Sie setzt voraus, daß man den Apparat nach den verschiedenen Gestaltungselementen aufschlüsselt, um dann — nach dem Maße der Funktionsfähigkeit des gesamten Apparates — den realistischen Kompromiß zu suchen. Entscheidend ist nicht, ob die Perspektiven einer Reformmaßnahme am Reißbrett stimmen, sondern, ob sie in der Praxis funktionieren. Die Annäherung an die Praxis gelingt nicht auf einen Schlag, sondern muß immer wieder probiert werden. So gesehen, ist Verwaltungsreform weniger eine Frage des Ziels, sondern mehr eine Frage des Weges. Die eingehende Schilderung des Reformverfahrens sollte diesem Umstand gerecht werden.

4. Reformer, die stillen Macher

Verfahren als Ersatz für Maximen, d. h. aber letztlich nichts anderes, als für feststehende Werte — die Verwaltungsreform fügt sich insofern in den Zustand unserer Gesellschaft schlechthin ein. Pluralismus und Technokratie — beides markiert das Ende eines allgemeinverbindlichen Wertverständnisses und damit der Möglichkeit des „großen" gesellschaftsändernden Konsenses. Deshalb stehen auch die Reformen der Gegenwart unter dem beherrschenden Leitbild der Machbarkeit. Diese und nicht die „großen" Ziele bestimmen den Gang. Die Machbarkeit wird selbst zum Ziel, Utopien werden zu Realitäten zurechtgestutzt. Reformer sind daher nicht — weniger noch als die Politiker — die „großen" Designer der Gesellschaft. Sie gehören einer Zunft an, die zwar nicht besonders bedankt ist, die aber aus unserer Gesellschaft nicht mehr wegzudenken ist: der Zunft der stillen Macher.

Literaturhinweise

Becker: Zweck und Maß der Organisation, in: Handbuch der Verwaltung, Heft 3.1 hrsg. v. Becker und Thieme, (1976).

Bendixen / Kemmler: Planung, Organisation und Methodik innovativer Entscheidungsprozesse (1972).

Bericht und Gesetzesentwurf der (Schweizer) Expertenkommission für die Totalrevision des Bundesgesetzes über die Organisation der Bundesverwaltung (1971).

Berner: Struktur und Träger der Verwaltung, in: Österreich, Die Zweite Republik hrsg. von Weinzierl und Skalnik, 2 (1972), S. 135 ff.

Brunner: Personalpolitik und Verwaltungsreform, VerwA Bd. 48 (1957), S. 126 ff.

Buschor: Planung als Instrument der integrierten Frühkoordination der Verwaltungstätigkeit, Verwaltungspraxis 1972, S. 196 ff.

Dammann: Stäbe, Intendantur- und Dacheinheiten — Die deutschen Verwaltungen und der Ertrag der Stabsdiskussion (1969).

Drucker: Die ideale Führungskraft (1967).

— Die Praxis des Managements (1971).

Giehl: Die öffentliche Verwaltung in der modernen Gesellschaft, BayVBl. 1972, S. 57 ff.

Gröbner: Ist der Erfolg staatlicher Aktivität meßbar?, DÖV 1971, S. 87 ff.

Guilleaume: Demokratisierung der Personalpolitik in der öffentlichen Verwaltung, Die Verwaltung 1971, S. 177 ff.

Höhn: Verwaltung heute. Autoritäre Führung oder modernes Management (1970).

Höhn / Böhme: Die Verwirklichung der Führung im Mitarbeiterverhältnis in der Verwaltung. Ein Stufenplan (1971).

Hüttl: Wirtschaftlichkeit, in: Verwaltung (Hrsg. Morstein Marx), (1965), S. 282 ff.

Jacobi: Personalpolitik heute und morgen (1963).

— Management by Objectives — Neue Wege der Unternehmensführung, Wirtschaftsdienst 1971, S. 221.

Jäger: Methoden der Dienstpostenbewertung, DGB-Informationen 1972, S. 1 ff.

Jaumann: Moderne Verwaltung — moderner Beamter, PV 1970, S. 193 ff.

Jentzsch: Systemanalyse im Regierungsbereich und Reorganisation von Regierung und Verwaltung, in: Systemanalyse in Regierung und Verwaltung (Hrsg. Krauch), (1972), S. 49 ff.

König: Verwaltungsreform und Demokratiediskussion, in: Demokratie und Verwaltung (1972), S. 271.

Krauch: Wege und Aufgaben der Systemforschung, in: Systemanalyse in Regierung und Verwaltung (Hrsg. Krauch), (1972), S. 27 ff.

Krause: Staat und Staatsdienst heute (1968).

Kube: Führungsmodelle, moderne Führungsgrundsätze und Managementtechnik in der Verwaltungspraxis, DVBl. 1973, S. 869 ff.

Lange: Die Bewertung der Dienstposten in der öffentlichen Verwaltung (1960).

Laux: Planung als Führungsmittel der Verwaltung, in: Politik und Verwaltung, 1967, S. 11.

— Verwaltungsführung und betriebliches Management, in: Demokratie und Verwaltung (1972), S. 537 ff.

— Managementmodelle für die öffentliche Verwaltung?, DVBl. 1972, S. 167 ff.

— Führungsverhalten und Führungsstil, in: Handbuch der Verwaltung, Heft 5.7 (hrsg. v. Becker und Thieme), (1974).

— Personalplanung im öffentlichen Dienst, in: Die Verwaltung 1976, S. 137 ff.

Lecheler: Personalpolitik und Personalführung in der öffentlichen Verwaltung (1972).

Leemans (Hrsg.): The Management of Change in Government (1976), mit wertvollen Hinweisen auf die einschlägige ausländische Literatur.

Leisner: Grundlagen des Berufsbeamtentums (1971).

— Mitbestimmung im öffentlichen Dienst — innere Kontrolle der Staatsgewalt. Zu Begründung und Grenzen der Mitbestimmung, ZBR 1971, S. 65 ff.

Loschelder: Personalverwaltung und Personalführung, in: Verwaltung (hrsg. v. Morstein Marx), (1965).

Luhmann: Funktionen und Folgen formaler Organisation (1964).

— Spontane Ordnungsbildung, in: Verwaltung (Hrsg. Morstein Marx), (1965), S. 163 ff.

Mayntz (Hrsg.): Bürokratische Organisation (1968).

— Soziologie der Organisation (1973).

Meyer: Die Verwaltungsorganisation (1962).

Morstein Marx: Einführung in die Bürokratie. Eine vergleichende Untersuchung über das Beamtentum (1959).

— Das Dilemma des Verwaltungsmannes (1965).

— Bürokratisierung und Leistungsordnung: Hierarchie und Entscheidungsweg, in: Verwaltung (Hrsg. Morstein Marx), (1965), S. 69 ff.

— Öffentliche Verwaltung als Sozialfaktor, in: Gegenwartsaufgaben der öffentlichen Verwaltung (Hrsg. Morstein Marx), (1968), S. 3 ff.

Nagel: Leistungsfähige Entscheidungen in Politik und Verwaltung durch Systemanalyse (1971).

Neumann (Hrsg.): Optimal führen, 3. Aufl. (1973).

Odiorne: Management mit Zielvorgabe (1971).

Randall: Führungsmethoden können keine Wunder wirken, Sonderheft der „Fortschrittlichen Betriebsführung" 1963.

Rasch: Probleme der Bürokratie der öffentlichen Hand, Verwaltungsarchiv 1976, S. 211 ff.

Schnur: Strategie und Taktik bei Verwaltungsreformen (1966).

— Zeit für Reform, Gedanken zur Neuordnung von Politik und Verwaltung (1967).

— Widerstände und Schwierigkeiten bei Verwaltungsreformen, DVBl. 1970, S. 753 ff.

— Über Team und Hierarchie, in: Demokratie und Verwaltung (1972), S. 557 ff.

— Privileg der Juristen in der Verwaltung? (noch unveröffentlichtes Manuskript).

Schönfelder: Hierarchie und Verantwortung im öffentlichen Dienst, ZBR 1970, S. 278 ff.

Seewald: Dienstpostenbewertung, in: Handbuch der Verwaltung, Heft 5.4 (hrsg. v. Becker und Thieme), (1974).

Siepmann: Bedarfsdeckung, in: Handbuch der Verwaltung, Heft 5.5 (hrsg. von Becker und Thieme), (1974).

Simon: Das Verwaltungshandeln (1955).

Steahle: Organisation und Führung sozio-technischer Systeme, Grundlagen einer Situationstheorie (1973).

Streithaupt: Geheimformeln der Verwaltungsreform? (1970).

Studienkommission für die Reform des öffentlichen Dienstrechts, Band 1 - 11 (1973).

Thieme: Verwaltungslehre (1967).

Titscher: Ansätze zur empirischen Verwaltungsforschung in Österreich, Österr. Zeitschrift f. Politikwissenschaft 1973, S. 129 ff.

Wallnöfer, Zebisch, Gstrein, Kienberger, Unterholzner, Stadlmayer und Senn (Hrsg.): Hausgabe für Landesamtsdirektor Dr. Rudolf Kathrein zum 60. Geburtstag (1976).

Welan: „Entpolitisiertes" Parlament, „politisierte" Beamte? Unfrisierte Gedanken nach einer Bürokratiediskussion, in: Dynamische Demokratie (1973), S. 78 ff., S. 79 f.

Wiese: Struktur und System des öffentlichen Dienstes, in: Handbuch der Verwaltung, Heft 5.2 (hrsg. v. Becker und Thieme), (1974).

Wild / Schmid: Managementsysteme für die Verwaltung: PPBS und MbO, in: Die Verwaltung 1973, S. 145 ff.

Wimmer: System des österreichischen Umweltschutzrechts. Der Umweltgestaltungsstaat in rechtsdogmatischer und verwaltungswissenschaftlicher Sicht, in: Beiträge zum Umweltschutz 1972 - 74 (hrsg. vom Bundesministerium für Gesundheit unnd Umweltschutz), (1974), S. 77 ff.

— Verwaltungsreform in Österreich, in: Die Verwaltung 1974, S. 465 ff.

— Der juristische und der verwaltungswissenschaftliche Verwaltungsbegriff, in: Die Verwaltung 1975, S. 141 ff.

Wittmann: Verwaltungsreform in Österreich (1975).

Wolff / Bachof: Verwaltungsrecht II (1976), 4. Aufl., S. 24.

Wran: Der Berufsbeamte und seine Rolle, in: Dynamische Demokratie (1973), S. 119 ff.

Printed by Libri Plureos GmbH
in Hamburg, Germany